Josée Gauthier
Ottawa
8 oct. 86...

# les rogers

en tout cas un en particulier
ici
Ba...
d'antenne
au CANAL 12
Jo... Jo... Jo quoi encor?

**Robert Bellefeuille**
**Jean Marc Dalpé**
**Robert Marinier**

**Prise de Parole**
**1985**

La maison Prise de Parole se veut animatrice des arts littéraires chez les francophones de l'Ontario; elle se met donc au service de tous les créateurs littéraires franco-ontariens.

La maison d'édition bénéficie de subventions du Conseil des Arts du Canada et du Conseil des Arts de l'Ontario.

Conception de la couverture: 50 Carleton et Associés.

Copyright © Ottawa, 1985.
Éditions Prise de Parole, C.P. 550, Sudbury (Ontario) P3E 4R2.

ISBN 0-920814-81-6

**Les Rogers** fut créée par le Théâtre du Nouvel-Ontario et le Théâtre de la Vieille 17 en collaboration avec le Théâtre français du Centre National des Arts (du Canada) à Sudbury, le 16 février 1985.

Mise en scène: Les auteurs et Brigitte Haentjens

Décors, costumes et accessoires: Luce Pelletier

Éclairage et régie: Diane Fortin

Les comédiens:    Denis     : Jean Marc Dalpé
                  Guy       : Robert Marinier
                  Étienne   : Robert Bellefeuille

Les personnages: trois jeunes professionnels, au seuil de la trentaine, qui commencent à connaître un certain succès dans leur carrière et sont restés des amis depuis l'enfance.

Denis: il travaille en communication et est l'ex-concubin de Geneviève.
Guy: comptable et époux de Jocelyne.
Étienne: époux de Nicole et fier papa de Gaétan.
Répondeur: machine qui répond automatiquement au téléphone. Le message pré-enregistré a été préparé, il y a quelque temps, par Geneviève et Denis. Quand les amis de Denis appellent, il peut les entendre laisser leur message et il pourrait, s'il le voulait, intervenir.

Décor général qui pourra s'adapter aux situations suivantes:
- 1$^e$ acte: l'appartement en désordre de Denis.
- 2$^e$ acte: un coin de rue.
- 3$^e$ acte: un banc de parc.
- 4$^e$ acte: la boutique pour femmes de Jocelyne.

# ACTE 1

(Appartement en désordre de Denis. Noir. Dans un premier temps, on entend le message pré-enregistré du répondeur. Par la suite, on entend des voix qui laissent des messages.)

RÉPONDEUR          (Message pré-enregistré - voix de Geneviève) Bonjour, vous êtes présentement chez Geneviève et Denis. Nous sommes dans l'impossibi... (elle rit) veux-tu arrêter, dans l'impossi... (rire) dans l'impo...(rire). (Voix de Denis) C'est impossible de vous parler, on est occupé, on va vous rappeler... bye.

RÉPONDEUR          (Message de Nicole) Allô, c'est Nicole. J'ai rejoint Étienne au bureau. Il a une réunion jusqu'à neuf heures, lui il va téléphoner à Guy, puis il va te téléphoner juste avant qu'il passe te voir, comme tu le voulais. O.K... bye Denis.

RÉPONDEUR          (Message de Jocelyne) Jocelyne ici, Étienne a téléphoné ici pour Guy, mais Guy est parti à la boutique pour ramasser mon inventaire. Je l'ai rejoint à la boutique, puis je lui ai fait le message d'Étienne, mais Guy m'a demandé de confirmer qu'il serait là, mais là il faut que je téléphone à Étienne... mais j'sais pas quoi lui dire.

RÉPONDEUR          (Message de Guy) Allô Denis... écoute... J'ramasse un 26 onces de Johnny Walker, une douzaine de danseuses du ventre... puis tu fais mieux d'être là.

(Éclairage général) (Il ressort)

DENIS              (En entrant avec 2 livres) Tiens ta sainte Simone de Beauvoir puis ta mademoiselle Benoîte Groulx.

(Téléphone sonne. Denis entre pour écouter le message pré-enregistré du début puis il ressort. On entend ensuite la voix d'Étienne qui devine que Denis ignore ses appels. Au lieu de répondre, Denis engueule le répondeur.)

RÉPONDEUR          Allô. C'est Étienne. Aye, j'ai eu 5 appels dans moins d'une demi-heure, j'avais pas le temps de revenir m'asseoir pour recommencer ma réunion que le téléphone sonnait encore.

(Denis entre avec une boîte)

RÉPONDEUR          Je le sais que tu es là... veux-tu répondre au téléphone... envoie répond... maudite tête dure... C'est quoi cette histoire d'urgence puis de téléphones, puis, qu'il faut que tu nous vois tout de suite.

9

| | |
|---|---|
| DENIS | Veux-tu le savoir? |
| RÉPONDEUR | Nicole était toute énervée, toute à l'envers. |
| DENIS | Elle, elle est toute à l'envers. |
| RÉPONDEUR | Qu'est-ce qui se passe? |
| DENIS | J'vais te le dire moi. |
| RÉPONDEUR | J'arrive dans 5 minutes. |
| | (Denis répond au téléphone et s'aperçoit qu'Étienne a déjà raccroché) |
| DENIS | C'est ça, raccroche-moi au nez, toi aussi… |
| | (Denis va chercher un couteau dans la cuisine pour ouvrir la boîte) |
| GUY | (En entrant) Aye Denis, tu devrais pas tout laisser débarrer comme ça, tu sais jamais ce qui pourrait entrer… un ouragan par exemple. |
| DENIS | Te voilà enfin… où est-ce que t'étais, ça fait une heure que je te cherche… maudit sans-coeur. |
| GUY | Tiens, je t'ai apporté ça. Je me suis dit que t'en aurais besoin. |
| DENIS | (En ouvrant la boîte) Ça va me prendre plus que ça. |
| GUY | Ça va te prendre une femme de ménage. |
| DENIS | C'est pas une femme de ménage qu'il me faut. (Il vide le contenu de la boîte à terre) C'est plutôt de faire le ménage dans mes femmes qu'il me faut… (À Guy qui a ramassé un morceau de linge) Laisse ça où c'était! |
| GUY | O.K. c'est toi qui décores. |
| DENIS | Une salope! |
| GUY | Tu donnes pas ta place. |
| DENIS | Elle le ramassera elle-même. |
| GUY | Qu'est-ce qu'il y a là? |
| DENIS | Elle le ramassera dans la rue… |
| GUY | Qui ça? |
| DENIS | La vache! (Il sort) |
| GUY | Une vache? |
| DENIS | Je me demande combien d'autres qu'il y en a eus. |

| | |
|---|---|
| GUY | Denis, je comprends pas là. |
| DENIS | (Revenant avec une autre boîte) Moi, je comprends, je comprends tout. |
| GUY | Partage donc avec tes amis. |
| DENIS | Ah là t'es intéressé! Où est-ce que t'étais tantôt quand je t'ai téléphoné? |
| GUY | Au coin des rues Stanley et Dominion en train de mettre du gaz dans mon auto… puis avec tout ça tu m'as fait oublier l'inventaire de Jocelyne. Il va falloir que je passe à la boutique pour le ramasser avant de rentrer. |
| DENIS | C'est Jocelyne qui a le plus besoin de toi là, ou bien c'est moi? |
| GUY | Denis, commence pas. |
| DENIS | Non mais, si l'inventaire de ta femme est plus important…. |
| GUY | J'suis ici non?! Puis ma femme, elle l'a son inventaire elle? |
| DENIS | Ça fait au moins deux heures que j'vous ai appelés. |
| GUY | Ça fait pas 45 minutes. |
| DENIS | Mais les amis peuvent toujours attendre. Les femmes passent toujours en premier. |
| GUY | Denis. |
| DENIS | Les femmes … elles nous ont comme ça… elles sont toutes pareilles… elles nous mènent par le bout du nez, puis nous autres trop «nono», on se laisse faire. |
| GUY | O.K. Ça y est… Denis viens ici. |
| DENIS | Quoi? |
| GUY | Ici. Viens ici… explique. |
| DENIS | Quoi? |
| GUY | Qu'est-ce qu'il y a? |
| DENIS | J'suis en maudit! Ça paraît pas? |
| GUY | Pourquoi? |
| DENIS | Parce que. |
| GUY | Parce que quoi? |
| DENIS | Parce que, parce que. |

| | |
|---|---|
| GUY | Parce que, parce que quoi? Puis dis-moi pas un autre «parce que». |
| DENIS | Pourquoi pas? |
| GUY | Parce que. |
| DENIS | Parce que quoi? |
| GUY | Parce que, parce que. |
| DENIS | Parce que, parce que quoi? |
| GUY | Si on recommençait du début - O.K. |
| DENIS | Pourquoi? |
| GUY | Pourquoi quoi? |
| DENIS | Quoi pourquoi quoi? |
| GUY | Pourquoi quoi, pourquoi quoi? |
| DENIS | Parce que c'est une vache. (Il sort) |
| GUY | Au moins on a éclairci ça Denis. Là si j'peux juste trouver un très très grand verre puis 3 autres bouteilles de scotch, j'pense qu'on va pouvoir s'en sortir avant 1995. (S'en va dans la cuisine) Voyons, tu fais jamais ta vaisselle? Aye, tu t'es acheté un nouveau blender! |
| ÉTIENNE | (Il entre) Qu'est-ce qu'il se passe... voler... tu t'es pas fait voler? |
| GUY | Étienne... |
| ÉTIENNE | Ah t'es là toi? |
| GUY | Cale ça! |
| ÉTIENNE | Quoi? |
| GUY | Cale... moi j'ai fait l'erreur de lui parler avant d'avoir pris un coup. |
| ÉTIENNE | J'ai pas soif. Denis... qu'est-ce qu'on t'a volé? |
| DENIS | Une vache! |
| ÉTIENNE | Est-ce qu'il a dit...? |
| GUY | Oui. (Étienne boit) Un autre? |
| ÉTIENNE | S.V.P. (Guy sort) Aye, êtes-vous en train de me faire une autre farce là les gars? |
| GUY | Une farce? |

12

| | |
|---|---|
| DENIS | (En entrant) Une farce, une farce, ma vie est en train de se défaire de tout bord, de tout côté puis toi, tu penses que c'est une farce, toi tu trouves ça drôle. Qu'est-ce que ça donne... être premier de classe, trois ans d'université, un bacc. en communications, une job de 30 000 piastres par année, un appartement...? (Il sort) |
| ÉTIENNE | Es-tu malade Denis? |
| GUY | Non, il est en maudit. |
| ÉTIENNE | Pourquoi? |
| DENIS | Parce que. |
| ÉTIENNE | Parce que quoi? |
| GUY | Parce que, parce que. |
| ÉTIENNE | Parce qu'on t'a volé une vache? |
| DENIS | (Revenant) Comment? |
| ÉTIENNE | Quoi comment? Je le sais pas moi comment. |
| GUY | Moi j'sais même pas pourquoi encore. |
| DENIS | Je te l'ai dit: parce que. |
| ÉTIENNE | Parce que quoi? |
| DENIS | Parce que, parce que. |
| ÉTIENNE | Parce que, parce que quoi? |
| GUY | Puis dis-lui pas un autre «parce que». |
| ÉTIENNE | Pourquoi pas? |
| DENIS | Parce que. |
| ÉTIENNE | J'veux pas savoir pourquoi, j'veux pas savoir comment, j'veux pas savoir le parce que du pourquoi du comment. J'ai une journée de bureau dans le corps, j'ai le souper au MacDonald dans le corps, j'ai une réunion de trois heures au bureau après le spécial Big Mac dans le corps, avec en plus Nicole qui me téléphone à cause que Guy était pas avec Jocelyne mais que Jocelyne va faire le message mais ç'a l'air que Denis est plus chez lui de toute façon, puis j'ai tout ça dans le corps, puis j'veux plus rien savoir sauf est-ce que la bouteille de Scotch est encore dans la cuisine? |
| GUY | Oui. (Étienne va dans la cuisine) (À Denis) Tu te rends compte qu'il y a deux minutes, cet homme était heureux et encore sain d'esprit. |

13

| | |
|---|---|
| DENIS | Je l'ai déjà été moi aussi. (Il s'assoit) |
| GUY | Étienne dépêche-toi. I think there's been a major break-through puis, amène les munitions. |
| ÉTIENNE | (Revenant) Qu'est-ce qu'il y a? |
| GUY | Il s'est assis. |
| ÉTIENNE | C'est un bon début. (À Denis) Den… qu'est-ce qui va pas donc? |
| DENIS | J'veux plus en parler! |
| GUY | Reste assis, reste assis! |
| DENIS | Elle est en train de me faire virer fou. |
| ÉTIENNE | Qui ça? |
| GUY | (En réponse à Étienne) Geneviève? |
| DENIS | Oui Geneviève! |
| ÉTIENNE | Qu'est-ce qu'elle a Geneviève? |
| GUY | Qu'est-ce qu'il est arrivé? |
| DENIS | J'veux pas en parler. |
| GUY | Vide-toi le coeur. |
| ÉTIENNE | Ça va te faire du bien. |
| DENIS | Je lui ai téléphoné au bureau. |
| GUY | Puis… |
| DENIS | C'est tout, je lui ai téléphoné. J'voulais lui demander si elle voulait aller au restaurant, j'avais pensé d'aller au Paradis Inn. Mais elle pouvait pas.(Regard entre Guy et Étienne) Elle pouvait pas. J'doutais pas encore qu'il y avait quelque chose qui allait pas. (Il décroche le récepteur et joue la scène de l'appel à Geneviève) «Aye, es-tu malade?… mais pourquoi, parce que quoi?… parce que parce que quoi… Veux-tu arrêter de me niaiser Geneviève, maudite folle, es-tu à la veille de me dire que tu me trompes puis que tu vois un autre homme… oui, j'suis encore là… Arrête Geneviève, c'est pas drôle… je le sais que t'es en train de me mentir, je te crois pas, c'est pas des farces à me faire… c'est vrai… c'est qui?!!! J'veux savoir c'est qui… comment ça c'est pas de mes affaires… il a l'air de quoi? Un blond…! Un grand blond! (À Guy et Étienne) J'hais les grands… surtout les blonds… (Au téléphone) Qu'est-ce qui te fait |

penser que j'suis fâché? Quatre ans de vie ensemble puis moi là c'est fini, tout oublié… Denis, le mauvais souvenir hein? Quatre ans de vie ensemble puis tu vas tout faire sauter ça à cause d'un épais que tu connais presque pas puis en plus tu me raccroches le téléphone au nez!!!». (À Guy et Étienne) Comment vouliez-vous que j'réagisse face à ça? (Au téléphone) «Réponds, réponds, réponds… O.K…. peut-être que ce gars-là c'est pas vraiment un épais, je le sais pas moi, je le connais même pas moi mais… est-ce que j'pourrais parler à Geneviève s.v.p.?… Geneviève… écoute, c'est peut-être pas vraiment un épais ce gars-là mais… comment ça tu comprends pas ma réaction?… j'devrais être heureux?… qu'est-ce que tu vas me dire, que j'devrais courir vous féliciter plein de bonheur? J'devrais peut-être vous acheter des cadeaux, peut-être que j'devrais lui passer mon gilet en angora que t'aimes tant, peut-être que j'devrais lui donner les clefs de mon auto en plus?… je le sais que j'ai pas d'auto, c'est rien qu'une image… Ah c'est ça que tu penses que j'devrais faire… pourquoi j'suis pas capable de le faire?… parce que… parce que… j'suis pas capable de le faire!… Geneviève! Oh… la… t'as pas le droit de me faire ça! (À Guy et Étienne) Elle a pas le droit de me faire ça. Là j'ai commencé à revirer fou, il fallait que j'parle à quelqu'un. J'ai essayé de vous appeler mais vous étiez pas à la maison ni l'un ni l'autre. Comment ça se fait que vous êtes pas à la maison quand j'ai besoin de vous autres hein? Ah, c'est sûr, j'aurais pu parler à vos femmes, mais vous pouvez vous imaginer de quel bord elles auraient été, elles! Qu'est-ce que vous avez à me regarder comme ça?

| | |
|---|---|
| GUY | On comprend pas pourquoi tu t'énerves. |
| DENIS | Elle voit un gars derrière mon dos. |
| ÉTIENNE | Pas derrière ton dos. |
| DENIS | Ah, c'est pas derrière mon dos ça? |
| ÉTIENNE | Elle te l'a dit non? |
| DENIS | Après le fait oui… après que je lui ai fait avouer. |
| ÉTIENNE | Il y a rien là! So what? |
| GUY | Puis? Big deal! |
| DENIS | Vous allez pas commencer à faire vos gars libérés, genre couple ouvert, nouvelle vague, beaujolais nouveau, pot en fin de semaine avec moi… |

15

| | |
|---|---|
| ÉTIENNE | Denis. |
| DENIS | Des gars que j'connais depuis que j'suis ça de haut, puis tout ce que vous avez à me dire c'est... «Il y a rien là! So what? Puis? Big deal!» tandis que présentement, au moment même où je vous parle, la femme avec qui j'ai vécu pendant quatre ans est peut-être avec un autre homme en train de... |
| ÉTIENNE | Denis! |
| DENIS | En train de... |
| ÉTIENNE | Denis, c'est normal, ça fait deux mois que vous restez plus ensemble. |
| DENIS | Juste deux mois. |
| GUY | Puis ça faisait quatre mois avant ça que tu me disais que ça marchait plus entre vous deux. |
| DENIS | Toutes les relations de couples ont des moments creux. |
| ÉTIENNE | Tu disais que c'était la meilleure décision que t'avais jamais prise dans ta vie. C'est vrai hein, il disait souvent ça? |
| GUY | Justement, avant hier, après le match de base-ball il m'a dit, «tu sais Guy, c'est la meilleure décision que j'ai jamais prise de ma vie». |
| DENIS | Puis? |
| ÉTIENNE | C'est normal qu'après deux mois, elle voit quelqu'un d'autre. |
| DENIS | Justement c'est pas normal, ça fait rien que deux mois. |
| ÉTIENNE | Qu'est-ce que tu voulais, qu'elle fasse des voeux de chasteté puis qu'elle rentre chez les Soeurs? |
| DENIS | Mais deux mois. |
| GUY | Toi, t'en as pas vu d'autres filles? |
| DENIS | Non. (Regard incrédule de Guy et Étienne) O.K., mais c'était pas pareil. |
| ÉTIENNE | Comment ça? |
| DENIS | Moi, c'était juste pour le sexe. |
| ÉTIENNE | Puis elle? |
| DENIS | Elle, c'est de l'amour! |
| ÉTIENNE | Comment peux-tu le savoir? |

16

| | |
|---|---|
| DENIS | Je la connais. Elle, c'est de l'amour! |
| ÉTIENNE | Et puis… même si c'est vrai, elle a le droit… Vous êtes séparés. |
| DENIS | Je te gage qu'elle le voyait avant. |
| ÉTIENNE | Qu'est-ce qui te fait croire ça? |
| DENIS | Elle a voulu se séparer non? |
| GUY | Si je me souviens, c'est toi qui a voulu se séparer. Elle voulait pas. |
| DENIS | Raison de plus que ça soit si louche qu'elle tombe en amour si vite. |
| ÉTIENNE | Mais vous étiez plus en amour. |
| DENIS | Pourquoi elle voulait pas se séparer d'abord? |
| ÉTIENNE | Je te comprends pas Denis. Geneviève t'appartient pas puis t'as pas le droit de réagir comme ça, même qu'elle a raison, tu devrais être content parce qu'elle est avec quelqu'un d'autre. |
| DENIS | Hein?! |
| ÉTIENNE | Mais quoi? Au début, tu disais que tu voulais qu'elle soit heureuse, que t'étais pour tout faire pour la rendre heureuse cette fille-là, puis là elle est heureuse. |
| DENIS | Mais pas avec moi! |
| ÉTIENNE | C'est peut-être pour ça qu'elle est heureuse! |
| DENIS | Mon meilleur ami. (Il sort) |
| GUY | J'pense que tu t'es pris bien mal là mon Étienne. |
| ÉTIENNE | Denis… Denis… c'est rien qu'une farce, épais. |
| DENIS | Une farce, une farce, c'est le temps d'abord pour les farces. |
| ÉTIENNE | Quoi? Tu veux que tout le monde souffre. Tu veux qu'elle souffre à cause que toi tu souffres. Puis les autres filles, Geneviève, elle a jamais fait de crise. |
| DENIS | Oui mais moi j'suis plus important que ce gars-là. On a passé quatre ans de vie ensemble, ça veut rien dire ça? Quatre ans de vie ensemble puis là elle me laisse tomber pour un épais. |
| ÉTIENNE | Ah parce que ce gars-là c'est un épais? |
| DENIS | Bien oui, c'est un épais! |

17

| | |
|---|---|
| ÉTIENNE | C'est sûr que c'est un épais. Geneviève sort rien qu'a-vec des épais. C'est son genre. Elle aime ça des épais. Même qu'elle aime rien que ça des épais, la preuve, c'est qu'elle est restée quatre ans avec toi… épais! |
| DENIS | Mon meilleur ami. (Il sort) |
| GUY | Strike two! |
| ÉTIENNE | Écoute Denis… Geneviève et toi… vous vous êtes ren-contrés… deux solitudes dans la nuit, deux paquebots qui se croisent au milieu d'un océan d'indifférence. Vous vous êtes aimés… Au début, c'était léger… comme les pétales d'une fleur… comme la rosée du ciel à l'aube. Plus tard… c'était avec passion, tout feu tout flamme… vous avez grandi ensemble… découvert ensemble… et maintenant avec vos nouvelles ailes vous vous êtes envolés chacun de votre côté, vers de nouveaux hori-zons, vers de nouvelles expériences, dans un monde magnifique plein d'aventures et de soleil… et plein d'autres oiseaux aussi. |
| | (Des coulisses, Denis lui lance un gilet au visage) |
| GUY | Strike 3, you're out! T'as vraiment le tour de remonter le moral à quelqu'un toi. (Étienne près de la porte de chambre) |
| ÉTIENNE | J'hais assez ça quand il est de même. |
| GUY | Il est toujours de même. |
| ÉTIENNE | J'sens qu'on va l'avoir sur les bras jusqu'aux petites heures. |
| GUY | J'sens qu'il va être de même pour des semaines. |
| ÉTIENNE | Il fait mieux de se calmer de bonne heure, j'ai une pré-sentation à faire demain matin. |
| GUY | L'affaire pour l'Hôtel de ville? |
| ÉTIENNE | Oui, c'est demain que ça se décide. |
| GUY | Bonne chance. (Prend le téléphone et compose un numéro) |
| ÉTIENNE | Qui est-ce que t'appelles? |
| GUY | Jocelyne… J'étais supposé ramasser son inventaire, puis rendu là elle m'a appelé… Allô Joce… c'est moi… oui, c'est assez grave… C'est l'affaire de Geneviève… non viens pas… c'est une affaire de gars… non il est pas encore installé… O.K. j'vais lui dire… Écoute je t'ap- |

pelle pour te dire que j'ai oublié ton inventaire. Je m'excuse mais avec tout l'énervement. T'en as absolument besoin ce soir?... Oui j'vais passer le ramasser avant de rentrer... On se lèvera de bonne heure puis on fera ça ensemble demain matin... As-tu besoin d'autre chose?... À part de ça... pour toi... une tablette de chocolat... quelle sorte? O.K.... je le sais pas... Ça risque d'être tard, tu sais comment il peut être... laisse faire la tablette de chocolat!

ÉTIENNE          Venez-vous souper demain?

GUY              Étienne nous invite à souper demain soir... Le magasin est ouvert.

ÉTIENNE          Samedi?

GUY              Samedi?... comité directeur - Lady Fitness. Dimanche?

ÉTIENNE          Oui, oui.

GUY              Elle va organiser ça avec Nicole. O.K., bye. Je m'excuse encore... bye.

ÉTIENNE          J'ai jamais vu une personne aussi égoïste... on dirait qu'il y a juste lui qui compte. L'inventaire de Jocelyne, ma présentation, ça c'est juste des excuses qu'on fait pour l'abandonner. Pas capable d'être raisonnable pour 2 cennes.

GUY              Denis, c'est Denis.

ÉTIENNE          Des fois je me demande ce que j'fais ici surtout quand j'pense à ce qui nous attend.

GUY              Si c'était nous autres, Denis serait le premier à courir.

ÉTIENNE          Il nous donnerait sa chemise.

GUY              Il laisserait tout tomber pour venir t'aider.

ÉTIENNE          Tu pourrais pas demander un meilleur ami.

GUY              Il a donc le tour de nous faire sentir coupable.

ÉTIENNE          Quand le petit est venu au monde il a dépensé assez d'argent que c'en était gênant.

GUY              Il était rentré dans la chambre d'hôpital avec les bras pleins de cadeaux.

ÉTIENNE          Il voulait tout faire, c'est tout juste s'il a pas offert à Nicole de le nourrir au sein pour elle.

GUY              Puis là, c'est lui qui est le parrain.

| | |
|---|---|
| ÉTIENNE | On a pas eu le choix… |
| GUY | En parlant du petit, Jocelyne m'a dit que Nicole voulait que tu l'appelles. |
| ÉTIENNE | Il est arrivé quelque chose au petit? |
| GUY | Je le sais pas, elle… |
| ÉTIENNE | Pourquoi tu me le disais pas plus vite? |
| GUY | Elle a mentionné le petit. |
| ÉTIENNE | S'il y a quelque chose qui est arrivé au petit… |
| GUY | Mais elle a pas dit que c'était grave. |
| ÉTIENNE | Je me le pardonnerai jamais… (En composant) |
| GUY | Calme-toi donc là… |
| ÉTIENNE | …de ne pas avoir été là. |
| GUY | Tu es pire que Denis. |
| ÉTIENNE | Allô Nicole, le petit est correct?… Qu'est-ce qu'il y a?… (Denis apparaît, alarmé par les cris d'Étienne à propos du petit) Quoi? (sourire) Ah… Oui… précoce, il est précoce. J'suis le père d'un enfant précoce. Trois mois et demi et déjà il prend ton doigt et le lâche pas le petit maudit… (À Nicole) Ah, puis j'étais pas là, je l'ai tout manqué… oui oui… Ah, Denis est correct… c'est rien… non… j'vais être là pour lui donner sa bouteille… Donne un gros bec à Gaétan pour moi… écoute, j'serai pas là pour son bain, ça fait que parle-lui de moi hein… C'est bien important la présence du père au bain… moi aussi je t'embrasse, moi aussi mais tu comprends hein, Denis… je t'embrasse partout, bye… (il rit) commence pas… bye… moi aussi je t'aime… bye. (Il raccroche) |
| | (Denis ressort avec la bouteille de scotch) |
| GUY | Laisse-le tranquille, j'pense que t'en as assez fait. |
| ÉTIENNE | J'ai rien dit. |
| GUY | Tu sais que t'as pas le droit d'être heureux à côté de lui quand il se sent comme ça. |
| ÉTIENNE | (À la porte et revient vers Guy) J'pense qu'il est en train de brailler. |
| GUY | Hein? |
| ÉTIENNE | Il braille… j'hais ça quand il braille. |

20

| | |
|---|---|
| GUY | C'est peut-être plus sérieux qu'on pense. |
| ÉTIENNE | Oui. |
| GUY | Peut-être qu'il faisait juste semblant d'être bien depuis sa séparation. |
| ÉTIENNE | Voyons donc! |
| GUY | Peut-être qu'il s'était rendu compte que Geneviève c'était vraiment la femme de sa vie, puis qu'il avait toujours espoir qu'ils allaient se remettre ensemble. |
| ÉTIENNE | Oui. |
| GUY | Peut-être qu'il est vraiment déchiré au plus profond de son âme en pensant qu'il l'a perdue pour toujours. |
| ÉTIENNE | Penses-tu? |
| GUY | Non, pas vraiment. Mais c'est quand même notre devoir, en tant que ses meilleurs amis de l'aider à passer au travers. |
| ÉTIENNE | Malgré ce que ça peut nous coûter. |
| GUY | Malgré ce que le monde peut dire. |
| ÉTIENNE | Malgré... je le sais plus trop quoi. |
| GUY | À la solidarité masculine. (Il met le magnétophone en marche. Jacques Brel entonne «Ne me quitte pas». Étienne s'empresse d'arrêter la machine. Par mégarde, il augmente le volume. Il réussit enfin à l'arrêter et embraye la vitesse. La musique reprend. Il l'arrête à nouveau. Fou rire. Denis sort. Silence. Denis remet le magnétophone en marche.) |
| DENIS | Riez, envoyez, riez. Quoi, c'est plus drôle là? (Il arrête le magnétophone) Allez-vous-en! J'veux être seul. |
| GUY | Fais pas le fou. |
| DENIS | Allez-vous-en, j'veux être seul. |
| GUY | On va rester avec toi un petit bout. |
| ÉTIENNE | On va même t'aider à finir le ménage, hein Guy? |
| GUY | Oui, Oui. |
| DENIS | J'veux être seul. |
| GUY | Vas-tu bouder comme ça toute la soirée? |
| DENIS | Si j'veux bouder, c'est de mes affaires. Sacrez le camp! |

21

| | |
|---|---|
| GUY | Bon, étouffe-toi dans ton malheur d'abord. |
| ÉTIENNE | C'est ça. |
| GUY | Ah puis s'il te vient la brillante idée d'essayer de me téléphoner, oublie-le parce que j'vais aussitôt te raccrocher la ligne au nez. |
| ÉTIENNE | Oublie-le parce que moi j'vais le débrancher mon téléphone, j'veux pas que tu réveilles le petit. |
| GUY | Ah puis si jamais tu te remets en crise puis que tu commences à tout casser, touche pas aux cassettes parce que la plupart m'appartiennent. |
| ÉTIENNE | Ah puis si jamais tu deviens bien déprimé, puis que t'as le goût de te tuer, le moyen le plus efficace c'est les pilules, au moins 60. |
| GUY | Ou le Drano, un bon verre plein avec de l'eau ça fait vite l'affaire. |
| ÉTIENNE | Ou encore, fais-toi couler un bon bain chaud puis coupe-toi les veines. |
| GUY | Mais arrange-toi pas pour manquer ton coup et être pris dans le coma à l'hôpital pendant un an puis qu'on soit obligés de te visiter. |
| ÉTIENNE | Vide ton réfrigérateur puis enferme-toi dedans. |
| GUY | Tu pourrais te poignarder mais vise le coeur. La meilleure façon c'est de mettre le couteau dans la fente de la porte, puis de courir à pleine épouvante dessus. |
| ÉTIENNE | Si tu veux souffrir un peu avant, prends ton couteau, coupe-toi un peu partout puis roule-toi dans le sel. |
| DENIS | Dehors! Avant que je vous mette dehors! |
| GUY | O.K. O.K. On a compris. Bonne déprime. |
| ÉTIENNE | Bon suicide. |
| GUY | Puis si tu meurs, j'veux ton «blender». (Ils sortent. Denis se lève, regarde les choses de Geneviève qui étaient dans les boîtes, prend son manteau, ouvre la porte). |
| GUY ET ÉTIENNE | Going somewhere? |
| DENIS | Je m'en vais acheter du Drano. |
| ÉTIENNE | Viens, on va lui aider à choisir le bon format. |

# ACTE 2

(Un coin de rue. En entrant sur scène.)

GUY          Admets-le donc.

DENIS        Quoi?

GUY          Tu pensais qu'elle était là.

DENIS        Bien non.

GUY          Vous alliez toujours là!

DENIS        C'est exactement pour cette raison-là que Geneviève amènerait pas son nouvel ami chez Bill.

ÉTIENNE      Pourquoi?

DENIS        Parce que.

ÉTIENNE      Parce que quoi?

DENIS        Parce que, parce que!

GUY          Aye, commencez pas. Disons que tu te serais trompé, puis que Geneviève avait été là avec son grand blond, qu'est-ce que t'aurais fait?

DENIS        Je le sais pas.

ÉTIENNE      Est-ce que tu serais entré?

DENIS        Peut-être…

GUY          Pourquoi faire? Leur dire bonjour?

DENIS        Je leur aurais souhaité plein de bonheur.

ÉTIENNE      Avec un bon coup de poing sur la gueule.

GUY          C'est vrai que c'est une façon assez directe et spéciale pour souhaiter du bonheur à quelqu'un.

ÉTIENNE      C'est ça, j'vois la scène d'ici. Un vrai Roger… le poing qui parle… tu l'écoeures un peu au début, trois quatre bons coups de poing sur la gueule, un coup de pied à la bonne place, une chaise cassée sur le dos, puis là tu prends ta blonde, tu la brasses un peu, un gros french, puis là tu l'amènes chez vous, puis tu lui fais l'amour sauvagement toute la nuit… puis le lendemain… elle est à tes pieds.

GUY          C'est ce qu'on appelle un comportement très raffiné.

ÉTIENNE      Très adulte, très digne d'un Roger.

23

| | |
|---|---|
| GUY | Un vrai John Wayne. |
| DENIS | O.K.! Je l'aurais peut-être brassé un peu, juste pour lui montrer qu'il m'écoeure. |
| ÉTIENNE | En lui donnant un petit coup de poing? |
| DENIS | Peut-être. |
| GUY | Un peu de sang? |
| ÉTIENNE | Un bras cassé? |
| DENIS | Peut-être... C'est normal non? |
| GUY | C'est très normal. |
| DENIS | T'as jamais le goût de casser la gueule à quelqu'un toi? |
| GUY | Moi, si dans ma semaine, j'ai pas cassé la gueule à quelqu'un, j'suis de mauvaise humeur... j'dors plus. |
| DENIS | Veux-tu arrêter de me niaiser... Au fond j'aurais peut-être rien fait. J'voulais juste voir comment j'aurais réagi. |
| GUY | Donc, tu l'admets que tu nous a traînés là pendant trois heures pour voir si Geneviève allait être là avec son ami. |
| ÉTIENNE | Puis pour savoir si t'étais pour lui casser la gueule. |
| GUY | Aye mon petit Roger, les poings doivent te chauffer un peu. Envoie, viens-t-en, on va rentrer. |
| DENIS | J'veux rester ici. |
| GUY | Écoute Denis, on est pas pour passer la soirée debout sur le bord de la rue. Si tu veux pas rentrer, on peut continuer à marcher. |
| ÉTIENNE | Ça fait du bien marcher, ça libère les esprits, ça développe les muscles. |
| GUY | Si tu veux, on peut aller s'asseoir au parc. |
| ÉTIENNE | Ça fait du bien s'asseoir, ça replace les esprits, ça repose les muscles... envoie, ris donc un peu. |
| DENIS | J'ai pas envie de rire, j'veux juste rester ici. |
| GUY | Fais-tu exprès pour être tête dure? |
| ÉTIENNE | Au parc on va pouvoir s'asseoir puis parler. |
| DENIS | J'veux pas m'asseoir, puis j'veux pas parler. J'veux juste rester ici. |
| GUY | Pour déprimer toute la nuit, sur la rue Cartier? |

24

| | |
|---|---|
| DENIS | Oui, j'veux rester ici à déprimer toute la nuit sur la rue Cartier. |
| GUY | Ah non, c'est pas vrai. |
| ÉTIENNE | Quoi? |
| GUY | Denis… dis-moi que c'est pas vrai. |
| DENIS | Quoi? |
| GUY | La rue Cartier, (il regarde la rue) oui c'est bien ça. |
| ÉTIENNE | Qu'est-ce qui est bien ça? |
| GUY | 39, rue Cartier, app. 17… qui est-ce qui reste là depuis 2 mois? |
| ÉTIENNE | Non?! |
| GUY | La fenêtre juste là. |
| DENIS | Ah bien… c'est drôle le hasard hein? |
| ÉTIENNE | Ah bien, c'est drôle… Deux solitudes dans la nuit, deux paquebots qui se croisent au beau milieu… |
| GUY | Encourage-le donc! Écoute Denis, tu nous amènes en avant de chez Geneviève à une heure et demie du matin, puis tu veux nous faire croire que c'est par hasard qu'on se retrouve ici? |
| DENIS | Oui, c'est le hasard. |
| GUY | Il est fou. |
| ÉTIENNE | Non, il est malheureux, il souffre, il délire. |
| GUY | Raison de plus pour partir, on n'est pas pour passer la nuit en-dessous de la fenêtre de Geneviève… Tu veux rester ici?… Pour quoi faire? |
| DENIS | Pour quoi faire, pour quoi faire?… T'es fatiguant avec tes pour quoi faire… je le sais pas pour quoi, la seule chose que j'sais c'est que j'veux rester ici… Ah puis tu sais pas comment je me sens… Geneviève… |
| GUY | Geneviève, c'était ta blonde, puis là ce l'est plus, puis c'est tout. O.K.? (Guy part) |
| ÉTIENNE | Aye, c'est pas le temps de partir. Denis, si tu veux rester ici pour un bout de temps, on va rester ici avec toi. |
| GUY | Peut-être toi, Étienne… moi je m'en vais. |
| ÉTIENNE | Voyons Guy… |

| | |
|---|---|
| GUY | J'ai assez perdu de temps comme c'est là. |
| ÉTIENNE | Guy essaye de comprendre. |
| GUY | Essaye de comprendre… c'est ce que j'fais depuis tantôt. |
| DENIS | Si vous êtes pour vous chicaner, faites-le ailleurs! |
| GUY | Toi, mêle-toi pas de ça! |
| ÉTIENNE | Guy, calme-toi. |
| GUY | On est pas pour l'encourager dans ses niaiseries. |
| ÉTIENNE | On est venu ici pour lui, pas pour nous autres… C'est vrai? Regarde comme il fait beau. Il me semble que ça fait longtemps qu'on n'a pas traîné les rues ensemble. Profitons de la nuit… |
| GUY | … pour avoir l'air de trois vrais épais… (Rire d'Étienne) |
| DENIS | Qu'est-ce qu'il a à rire lui? |
| GUY | Qu'est-ce que t'as à rire Étienne? |
| ÉTIENNE | Rien. |
| GUY | (À Denis) Rien. |
| DENIS | Rien? Comment ça rien? |
| GUY | Comment ça rien, Étienne? |
| ÉTIENNE | Rien, rien. |
| GUY | (À Denis) Rien, rien. |
| ÉTIENNE | Louise… Louise Potvin… l'été de mes 14 ans avec Louise Potvin à la fenêtre de sa chambre au 1$^{er}$ étage puis moi en bas accoté contre le vieux Chevy Impala 62 de son père. (Rire) Tous les samedis soirs, après la vue de sept heures, parce qu'il fallait qu'elle soit rentrée pour neuf heures, tous les samedis soirs de cet été-là, je la sortais aux vues avec l'argent que j'gagnais en faisant ma run de journaux, puis on finissait la soirée comme ça: elle en haut, puis moi en bas! (Rire, il lance une roche) Louise… Louise… Louise… allô comment ça va?… Allô comment ça va? Je lui demandais toujours ça, même si ça faisait juste 30 secondes qu'on s'était laissés sur la galerie en avant de la maison. (Rire) Allô comment ça va… puis là, elle me le disait comment ça allait. C'était le fun hein à soir?… Oui… moi aussi, moi aussi, oui, oui… C'est la première fille avec qui j'ai |

vraiment parlé… oui, moi aussi. À qui je pouvais dire tout ce que j'pensais… Veux-tu une gomme? (Prend une gomme) Oui, moi aussi… C'était comme ça tous les samedis soirs de mes 14 ans puis là, à la fin de l'été… je le sais plus ce qui est arrivé… Ah oui… je m'en rappelle là… hein Denis, t'en souviens-tu toi Denis?

DENIS  Louise Potvin?

ÉTIENNE  Oui, Louise Potvin. Je me rappelle bien là, moi, Denis.

DENIS  Oui, moi aussi. (Rire des deux) L'automne de mes 14 ans… mais le jour de la première tombée de neige… (Ils regardent Guy)

GUY  Oui? Moi aussi?

DENIS ET ÉTIENNE  (Signe affirmatif de la tête) Oui, toi aussi.

GUY  Ah oui… moi aussi. (Rire, les trois lancent des roches ensemble)

ÉTIENNE  Eh Louise…

DENIS  Louise…

GUY  Louise…

DENIS, GUY ET ÉTIENNE  Allô, comment ça va?

ÉTIENNE  Te souviens-tu de nous autres Louise?

DENIS  Les 3 amours de l'année de tes 14 ans…

GUY  Te souviens-tu de moi?

ÉTIENNE  Tu te souviens de nos marches quand on revenait du cinéma puis qu'on passait par le parc?

DENIS  Te souviens-tu quand j'allais chez vous pour faire nos devoirs ensemble, nous autres dans le salon, puis ta mère dans la cuisine qui nous guettait?

GUY  Te souviens-tu de moi?

DENIS, GUY ET ÉTIENNE  Eh Louise, Louise, Louise. Allô, comment ça va?

ÉTIENNE  Où est-ce que t'es maintenant Louise?

DENIS  Mariée? Divorcée? Un ou deux enfants?

GUY  Une maison en banlieue ou un appartement?

ÉTIENNE  Te souviens-tu de tes 3 amours de l'année de tes 14 ans?

| | |
|---|---|
| DENIS | Te souviens-tu de tes 3 amours de l'année de tes 14 ans? |
| GUY | Te souviens-tu de moi? |
| DENIS, GUY ET ÉTIENNE | Eh Louise, Louise, Louise… |
| ÉTIENNE | Te souviens-tu de l'été? |
| DENIS | De l'automne? |
| GUY | De l'hiver? |
| DENIS, GUY ET ÉTIENNE | Allô, comment ça va? (Temps, sourire) Oui moi aussi. |
| ÉTIENNE | La belle Louise Potvin. (Rire) |
| GUY | Mais c'était pas… (Regard complice) |
| DENIS, GUY ET ÉTIENNE | Darlene Lemay. |
| DENIS | Ça, t'avais les mains pleines. |
| GUY | Aye, tu te couches sur un puis tu t'abrilles avec l'autre. |
| ÉTIENNE | Moi un jour, j'suis rentré la face là-dedans, je me suis dit «Heaven, this is heaven». |
| DENIS | Oui, mais tout était gros. |
| GUY | Ses lèvres… |
| ÉTIENNE | Cochonnes. |
| DENIS | Du gros lipstick rouge. |
| ÉTIENNE | Quand t'avais fini de l'embrasser, t'avais l'impression d'avoir la rougeole. |
| GUY | Moi, je l'ai jamais embrassée, j'avais peur de me faire avaler. |
| DENIS | Hot lips Lemay. (Rire, lumière s'allume) |
| GUY | Une lumière. |
| DENIS | C'est chez Geneviève. |
| ÉTIENNE | Faut se cacher! |
| DENIS | Cachez-vous! (Les gars se cachent) |
| ÉTIENNE | Ma valise… va Denis. |
| | (Denis retourne la chercher en jouant l'insouciance) |
| GUY | Là, on a l'air intelligent. |

28

| | |
|---|---|
| DENIS | Elle nous a peut-être vus. |
| ÉTIENNE | Elle nous a peut-être entendus. |
| GUY | Elle a peut-être téléphoné à la police. |
| DENIS | Bougez pas, elle regarde peut-être. |
| GUY | Va voir. |
| DENIS | Non. Attends. |
| ÉTIENNE | J'vais y aller moi. |
| DENIS | Pas tout de suite. |
| ÉTIENNE | Oui, oui, j'vais y aller…(se promène) il y a personne. Elle a juste allumé sa lumière. |
| DENIS | Ça veut dire qu'elle est là. |
| GUY | Probablement… |
| DENIS | Probablement… probablement avec lui. |
| GUY | Elle doit être tout simplement fatiguée. Puis elle se prépare à se coucher, ce qu'on devrait peut-être faire nous-mêmes. |
| DENIS | Elle doit être en train de… |
| ÉTIENNE | Ah oui… |
| DENIS | En train de… |
| ÉTIENNE | Ah non… |
| DENIS | En train de… |
| GUY | En train de se brosser les dents. |
| DENIS | En train de… je le sais, je le sens. |
| ÉTIENNE | C'est vrai, je l'entends gémir… |
| DENIS | C'est vrai, je l'entends crier… |
| GUY | Ça c'est smatte! |
| DENIS | Comment est-ce qu'elle peut me faire ça? |
| GUY | Elle est pas en train de faire l'amour, la lumière est allumée. |
| DENIS | Elle laissait toujours la lumière allumée… |
| GUY | Prends-toi en main. |
| ÉTIENNE | Le hasard t'a pas mené sous sa fenêtre pour rien… Quant à être ici, monte lui parler. |

| | |
|---|---|
| GUY | C'est ça, monte, on va t'attendre ici puis… si t'as plus besoin de nous autres, viens nous faire un signe discret à la fenêtre. |
| DENIS | Qu'est-ce que j'fais s'il est là? |
| ÉTIENNE | Il est pas là voyons. |
| DENIS | Mais si jamais il est là? |
| ÉTIENNE | Bien, tu lui feras face, tu lui as jamais rien fait, pourquoi est-ce que tu devrais avoir peur de le rencontrer. |
| DENIS | C'est vrai ça. |
| ÉTIENNE | Certain que c'est vrai. |
| DENIS | C'est plutôt à lui d'avoir peur de moi. |
| GUY | Peut-être que ça serait une meilleure idée que tu lui télé-phones. |
| DENIS | Non, non. C'est une bonne idée que j'monte. J'aimerais ça le rencontrer… voir de quoi il a l'air. |
| GUY | Puis qu'est-ce qui arrive s'il est 6 pieds 2, puis qu'il pèse 250 livres? |
| DENIS | On n'a pas passé un téléphone public en arrivant par là-bas? |
| ÉTIENNE | Moi, j'ai une meilleure idée, une idée parfaite. (Il se met à chercher) |
| GUY | Qu'est-ce que tu cherches là? |
| ÉTIENNE | Des roches, tu garroches des roches à sa fenêtre, elle vient voir c'est quoi, puis là tu lui parles. You want to talk seduction… Elle va fondre. |
| DENIS | Aye, on n'a plus 14 ans. |
| ÉTIENNE | On dirait pas… cherche des roches. |
| DENIS | Ça marchera jamais. |
| GUY | Je te dis que moi si quelqu'un venait me dire des mots d'amour à ma fenêtre, il pourrait faire de moi ce qu'il voudrait. |
| DENIS | J'vais avoir l'air d'un vrai fou. |
| GUY ET ÉTIENNE | Join the club. |
| DENIS | Passer la nuit dans le milieu de la rue en train de séduire ma femme au troisième étage. |

30

| | |
|---|---|
| GUY | Ton ex-femme. |
| ÉTIENNE | Tu vas voir que tu lui parleras pas deux minutes qu'elle va te demander de monter. |
| GUY | J'en trouve pas. |
| ÉTIENNE | Bien, cherche. |
| DENIS | (Montrant une brique) J'ai trouvé ça… |
| GUY | Tu veux qu'elle vienne à la fenêtre, pas qu'elle appelle la police. |
| ÉTIENNE | Si c'est lui qui se présente là tu lanceras celle-là. Mais là, essaye de trouver autre chose. Garroche-lui des cennes. |
| GUY | C'est ça, lance-lui de l'argent, elle va fondre. |
| DENIS | Moi, j'ai juste des 30 sous, avez-vous des cennes? |
| ÉTIENNE | Tiens, mon petit quêteux. |
| GUY | Tiens, mon petit cochon. |
| DENIS | Je me sens colon. (Temps… ils partent) Qu'est-ce que j'vais lui dire? |
| ÉTIENNE | Dis-lui comment tu te sens. |
| DENIS | Geneviève, je me sens colon. |
| GUY | Tu en as l'air aussi, garroche. |
| ÉTIENNE | Envoie, garroche. |
| DENIS | Mais je le sais pas ce que j'vais lui dire. |
| ÉTIENNE | Tu lui diras bonjour. |
| DENIS | Puis après? |
| ÉTIENNE | Que tu t'excuses de lui avoir fait une crise au téléphone. |
| DENIS | Oui. |
| ÉTIENNE | Puis que t'aimerais ça la voir. |
| DENIS | O.K. (Denis lance une cent) |
| GUY | J'pense qu'il a manqué le building. |
| DENIS | C'est pas de ma faute, il y a du spin là-dessus. |
| ÉTIENNE | Essaye encore. |
| GUY | Veux-tu qu'on rapproche le building? |

| | |
|---|---|
| DENIS | Écoeure-moi pas. Il y a du spin là-dessus, ça revole dans tous les sens. |
| ÉTIENNE | Guy laisse-le tranquille, envoie Denis, garroche. (Il lance) |
| DENIS | J'ai frappé à côté de la fenêtre. |
| ÉTIENNE | Elle l'a peut-être entendue… |
| DENIS | C'était au premier étage. |
| ÉTIENNE | Lance encore. |
| GUY | Moins fort, tu vas casser une fenêtre. |
| DENIS | C'est pas de ma faute, ça fly ces affaires-là, il me faudrait quelque chose de moins lourd. |
| GUY | Veux-tu des kleenex trempes? |
| ÉTIENNE | Tiens, j'ai des lifesavers. |
| DENIS | Des lifesavers, c'est bon ça. |
| GUY | Lance donc un Jos Louis. Lance-lui une dinde de 20 livres quant à y être. |
| GUY | Aye Denis, lance pas les trous! |
| DENIS | Ça fait que je lui dis bonjour, (il lance) je m'excuse pour la crise au téléphone, (il lance) j'aimerais ça la voir (il lance) puis j'suis pas capable de frapper la fenêtre. |
| GUY | Ah tasse-toi… c'est rien qu'un 3$^e$ étage… laisse-moi faire… tiens… (Il lance) |
| DENIS | Oui, mais si elle m'invite à monter? |
| GUY | Tu montes. (Il lance) |
| ÉTIENNE | Denis, dépêche! |
| | (Début d'un glissement vers le flashback) |
| DENIS | Oui mais après que je lui ai dit tout ça à Geneviève, qu'est-ce que j'vais lui dire? |
| GUY | Je le sais pas, c'est toi qui a vécu avec pendant 4 ans. |
| ÉTIENNE | Diane t'attend. |
| DENIS | Je le sais que j'ai vécu avec mais là, là, j'sais juste pas comment lui parler. |
| ÉTIENNE | Pense Denis… tu vas faire l'amour pour la première fois. Ah que t'es chanceux! |

| | |
|---|---|
| DENIS | Il est quelle heure là? |
| GUY | Neuf heures et quart. |
| ÉTIENNE | À quelle heure qu'elle t'attendait? |
| DENIS | J'ai dit que j'serais là vers 8h30-9h00. |
| GUY | Ses parents reviennent quand? |
| DENIS | Demain après-midi. |
| ÉTIENNE | Parfait... vous avez toute la nuit... Denis à soir it's the real thing... Quoi, es-tu bandé là? |
| DENIS | Un peu. |
| ÉTIENNE | C'est pas bon. |
| GUY | Tu peux pas arriver bandé à 9h15. |
| ÉTIENNE | Ça se fait pas. |
| GUY | Pense au dentiste. |
| ÉTIENNE | Aye, moi j'ai lu qu'il faut être décontracté sinon elle va juste t'embrasser puis tu vas venir tout de suite dans tes culottes. |
| GUY | Ça m'est déjà arrivé avec Nicole Dubeau, c'est tout un downer. |
| ÉTIENNE | Si elle te voit arriver chez elle à 9h15 avec une grosse bosse dans tes culottes, elle va être bien découragée. |
| GUY | Faut pas que t'aies l'air pressé. |
| ÉTIENNE | Faut que t'aies l'air calme. |
| GUY | Faut qu'elle sente que t'es un pro. |
| ÉTIENNE | Que c'est pas ta première fois. |
| GUY | C'est bien important que ce soit elle qui te séduise. |
| ÉTIENNE | C'est marqué dans «Sensuous Man». |
| GUY | Nous autres, les gars devant ça, on est de la guenille. |
| ÉTIENNE | T'es-tu rasé? |
| DENIS | Bien non, ça fait une semaine que je me rase pas. Ça fait plus mâle. |
| ÉTIENNE | Les filles aiment pas ça de la barbe. Elles ont l'impression d'avoir passé la nuit avec du papier sablé. Ça leur grafigne toutes les cuisses. |
| DENIS | Quand j'arrive là... |

| | |
|---|---|
| GUY | Pense que tu t'en vas juste faire tes devoirs. |
| ÉTIENNE | Fais-la rire. |
| GUY | Parle des mauvais coups que t'as faits. |
| ÉTIENNE | Aie l'air intelligent. |
| GUY | Parle-lui de différents pays. |
| ÉTIENNE | Les femmes aiment ça être excitées intellectuellement autant que physiquement. |
| GUY | C'est vrai ça… la première fois que j'ai couché avec Charlotte, il a fallu que je lui parle trois heures avant de lui faire l'amour. |
| DENIS | Trois heures…? |
| GUY | Oui mais on était tout nus dans le lit. En lui parlant serre-la… prends-la dans tes bras. |
| ÉTIENNE | Un vrai mâle. |
| GUY | Non, non. Lentement. Prends ton temps. |
| ÉTIENNE | Les filles aiment ça se faire toucher lentement. |
| GUY | J'sais qu'avec Lise, si j'voulais la rendre folle j'avais juste à lui mordre les oreilles. |
| ÉTIENNE | Puis là, une fois que vous vous êtes embrassés, puis touchés… c'est parti! |
| DENIS | Yah! |
| GUY | All right Den, she's all yours. |
| ÉTIENNE | All right Den, she's all yours. |
| DENIS | Une affaire qui m'inquiète, est-ce que je devrais la déshabiller ou si c'est elle qui me déshabille? |
| GUY | Ça dépend, avec Catherine, c'est moi qui l'avais déshabillée, mais j'avais eu de la misère avec la brassière. |
| DENIS | Je le sais, la brassière c'est le test! Si t'arrives pas à défaire la brassière bien vite, t'as l'air bien dumb. |
| ÉTIENNE | Moi ma première brassière, ça m'a pris 15 minutes pour la défaire. J'étais tellement énervé que je lui ai tout grafigné le dos… |
| GUY | Elle a dû être contente… |
| ÉTIENNE | Mais là j'suis prêt parce que je me pratique avec le mannequin de couture de ma mère. Mon temps record c'est 13 secondes… avec les dents. |

34

| | |
|---|---|
| GUY | Puis là, il te manque juste la fille. |
| ÉTIENNE | Je le sais mais plus j'attends, mieux ça va être. C'est au bout faire l'amour. |
| GUY | Qu'est-ce que tu en sais toi? |
| ÉTIENNE | Je le sais, je l'ai lu, je les ai tous lus les livres sur l'amour. |
| GUY | Eh Denis, c'est le temps! |
| ÉTIENNE | Es-tu encore bandé là? |
| DENIS | Non. |
| ÉTIENNE | Montre. |
| DENIS | J'suis pas bandé! |
| ÉTIENNE | O.K. |
| | (Début du retour au temps réel) |
| DENIS | Guy, va lui parler toi à Geneviève… vous êtes proches… |
| ÉTIENNE | Tu vas voir Denis, ça va bien aller. |
| DENIS | Dis-lui que tu me cherches, que t'es très inquiet puis que tu voulais juste voir si j'étais là. |
| ÉTIENNE | Fais un homme de toi Den! |
| GUY | Fais un homme de toi Den! |
| DENIS | Va juste cogner à sa porte pour voir si elle est seule. |
| GUY | Qu'est-ce que ça va te donner? |
| DENIS | Si elle est seule, commence à lui parler… puis là, moi j'vais arriver. |
| GUY | C'est pas moi qui ai besoin de lui parler. |
| DENIS | S.V.P. Guy, fais ça pour moi. |
| GUY | Non. |
| DENIS | Ah Étienne, toi va lui parler à Geneviève. |
| ÉTIENNE | Il en est pas question. |
| GUY | Elle a éteint sa lumière. |
| DENIS | Il est trop tard. |
| GUY | Va tout de suite, elle dort pas. |
| DENIS | Attends… il y a quelqu'un qui sort. |
| ÉTIENNE | Ça doit être son grand blond. |

| | |
|---|---|
| DENIS | C'est vrai il est grand… puis il est blond! |
| ÉTIENNE | Denis, attends! |
| GUY | Voyons, qu'est-ce qui se passe… Étienne… Denis… |
| DENIS | Taxi, taxi… dépêchez-vous… vite… vite… suivez ce taxi-là. |
| GUY | Ferme la porte comme il faut. |
| | (Début du fantasme de la course en taxi où des scènes extraites d'un film «série noire» américain fictif sont entrecoupées de la scène réelle. Personnages du film: Harry, le détective, Judy, la jeune femme en détresse, Mr. Wong, le méchant et le policier avec un accent irlandais.) |
| HARRY | Hey mac, follow that grey Lincoln. There's twenty bucks in it for you, if you can keep out of sight while you're doing it. |
| GUY | Ça se peut pas. |
| ÉTIENNE | Surtout faut pas essayer de comprendre. |
| DENIS | Je le savais qu'il était là. |
| GUY | Tu sais même pas si c'est lui. |
| DENIS | C'est lui, je le sais. |
| HARRY | I kept my eyes on the tail lights ahead of me, the rain on the windshield, distorting them into grotesque neon eyes, luring me deeper into the city, deeper into the dark recesses of urban crime. |
| ÉTIENNE | Il reste peut-être à l'autre bout de la ville… |
| DENIS | Vous pouvez pas aller plus vite? |
| GUY | Aye, on roule déjà assez vite. |
| ÉTIENNE | Regarde le meter tourner. |
| DENIS | À droite, il vient de tourner à droite. |
| GUY | Je le crois pas. |
| ÉTIENNE | Il faut en profiter Guy. |
| GUY | Attention, on tourne. |
| DENIS, GUY ET ÉTIENNE | Yahoo. |
| GUY | Étienne tu m'écrases. |

36

| | |
|---|---|
| DENIS | Il est là. |
| ÉTIENNE | À droite. |
| DENIS | Dépêchez-vous. |
| GUY | Une lumière. |
| DENIS, GUY ET ÉTIENNE | Maudite marde! |
| HARRY | As we waited for the lights to change, the windshield wipers choped at my eyes, slicing away the minutes, the hours, the days, back to my office, back to when I first heard her voice. |
| JUDY | O please, I need you. I need your help. Someone is trying to kill me. |
| DENIS | Arrêtez pas, pesez sur le gaz. |
| GUY | Quoi, essayes-tu de nous tuer? |
| ÉTIENNE | On va le perdre. |
| DENIS | Passez sur la rouge. |
| GUY | Il a pas le droit. |
| ÉTIENNE | On le prend le droit. |
| DENIS | Monsieur, passez sur la rouge, puis c'est 20$ de plus pour vous. |
| GUY | C'est ça, il essaye de nous tuer. |
| DENIS, GUY ET ÉTIENNE | Wow! |
| DENIS | On l'a perdu? |
| ÉTIENNE | Non, non… regarde sur le pont. |
| DENIS | Le voilà! |
| JUDY | I'm telling you someone is trying to kill me, are you going to help, mister Harry, or are you just going to sit there and do nothing? |
| HARRY | They say hindsight has 20/20 vision. I would never have picked up the phone, had I known it would lead me back to one of my old acquaintances: the China man. |
| MR. WONG | Hello mister private eye, nice hearing from you. |
| HARRY | A thousand bad memories shot up my spine. |

37

| | |
|---|---|
| MR. WONG | I'm warning you. You stay out of this... if you know what's good for her... and for you... understand? |
| HARRY | How could such a classy dame get so mixed up with the scum of the underworld? |
| POLICIER | Now Harry my lad, leave it to the police... we'll take care of it. |
| DENIS | Envoyez monsieur, écrasez-moi ça jusqu'au fond. |
| ÉTIENNE | C'est complètement fou. |
| GUY | On court après quelqu'un qu'on connaît même pas. |
| DENIS | J'veux lui parler. |
| ÉTIENNE | Attention, une bosse! |
| DENIS, GUY ET ÉTIENNE | Yoohoo! |
| GUY | Étienne, tu m'écrases! |
| ÉTIENNE | Ma main! |
| DENIS | Plus vite! |
| GUY | Le meter va péter! |
| DENIS | Perdez-le surtout pas. |
| HARRY | Never loosing track of the Lincoln, we sped through the deserted city streets. |
| DENIS | Attention, un chat! |
| DENIS, GUY ET ÉTIENNE | Tasse-toi minou! |
| GUY | Est-ce qu'on l'a écrasé? |
| ÉTIENNE | Non, mais il n'a jamais eu si peur de sa vie par exemple. |
| HARRY | (Dring, dring, dring) Distant honking kept drilling that last phone call deeper into my brain. |
| JUDY | Harry... Harry... no... no... AH!!!! |
| HARRY | The frantic run to the apartment, the signs of a struggle, the note... |
| DENIS | Watch it, he's turning. |
| ÉTIENNE | Attention, il tourne! |
| DENIS | Il débarque devant le block à appartements. |

| | |
|---|---|
| HARRY | The Lincoln pulled into the old dock yards, and came to a dead stop at warehouse no. 6. |
| ERNEST | Hey mac, want me to drive in. |
| HARRY | Two men got out of the car, carrying a bundle too big to be laundry. |
| GUY | J'pense que j'ai mal au coeur... |
| ÉTIENNE | Denis, attends... |
| DENIS | Dépêche Étienne! |
| ÉTIENNE | Mais qui va payer? |
| GUY | Paye, on va te le remettre. |
| DENIS | Paye, on va te le remettre. |
| HARRY | I jumped out of the cab... here... keep the change, you earned it. |
| ÉTIENNE | Paye, on va te le remettre, paye, on va te le remettre, j'connais ça moi des «paye on va te le remettre». |
| GUY | Étienne dépêche. |
| ÉTIENNE | J'arrive... 47,35$? |
| HARRY | I pulled my collar up against the rain, jammed my fists into my pockets. |
| ÉTIENNE | Pouvez-vous me donner un reçu pour 50$ s.v.p.? |
| HARRY | I felt the cold steel of my forty-five, I felt better now, safer. |
| ÉTIENNE | L'avez-vous perdu? |
| GUY | On l'a perdu. |
| DENIS | C'est de ta faute, aussi. |
| GUY | On t'attendait. |
| ÉTIENNE | J'payais le maudit taxi, ç'a coûté... |
| DENIS | Laisse faire. |
| HARRY | Hazy silhouettes loomed behind the greasy, dirty windows. |
| DENIS | Il est passé par là. |
| GUY | Il est peut-être rentré chez lui. |
| ÉTIENNE | Il est là, au coin. |

| | |
|---|---|
| HARRY | The damp thud of my heels measuring counter beats to the pulse of my pounding heart. |
| GUY | Je le crois pas. |
| ÉTIENNE | Qu'est-ce que t'as à rire? |
| GUY | Je le sais pas mais j'trouve ça drôle. |
| ÉTIENNE | C'est au bout hein? |
| HARRY | I walked up to the door. |
| GUY | J'ai l'impression d'avoir 12 ans. |
| ÉTIENNE | C'est au bout hein? |
| HARRY | Cocked my 45. |
| GUY | Tu diras pas ça demain. |
| ÉTIENNE | Oui mais à soir c'est le fun. |
| HARRY | Aimed at the latch. |
| ÉTIENNE | L'aventure mon petit Guy. |
| HARRY | Kicked it in. |
| ÉTIENNE | Tiens, le voilà! |
| HARRY | The door crashed open. |
| DENIS | À l'attaque. |
| HARRY | And I stepped in… |
| HARRY | … gun blazing… |
| DENIS | Venez-vous-en! |
| ÉTIENNE ET GUY | Oui chef! |

# ACTE 3

(Dans un parc, tous riant)

DENIS          Pauvre gars.

GUY           Il a pas eu peur d'abord. Trois grands zouaves qui viennent se garrocher sur lui.

DENIS          J'ai jamais vu quelqu'un devenir si pâle si vite.

ÉTIENNE     C'est quand il a vidé ses poches «take my money but don't hurt me».

GUY           La prochaine fois Denis, regarde comme il faut avant de partir après quelqu'un.

ÉTIENNE     Attends que je raconte ça à Nicole.

DENIS          Qu'est-ce que vous avez fait hier soir... Ah rien, on a failli «mugger» un petit vieux.

GUY           Imagine s'il avait eu un fusil, on aurait eu l'air smatte.

DENIS          Un fusil? Il était assez vieux qu'il avait de la difficulté à sortir son portefeuille.

ÉTIENNE     Il était assez vieux, que quand il a fait la guerre, pour moi il se battait encore avec des lavettes trempes.

DENIS          Plus on essayait de s'excuser, plus tu riais.

ÉTIENNE     Il aurait pu avoir une attaque de coeur.

GUY           Recommence pas, j'peux plus rire.

DENIS          Aye, ça fait longtemps que j'ai pas ri de même.

GUY           Il est quelle heure là?

ÉTIENNE     Trois heures et vingt. Le soleil va se lever dans une couple d'heures.

GUY           Ça fait longtemps que j'ai pas fait le fou comme ça toute la nuit.

ÉTIENNE     J'espère, t'as plus 20 ans là, t'es un homme sérieux.

GUY           C'est plus le temps de faire le zouave, j'ai des responsabilités.

DENIS          Trente et un ans.

GUY           La retraite bientôt mon boy.

ÉTIENNE     Tu vas pouvoir aller jouer au cinq cents avec notre petit vieux là.

41

| | |
|---|---|
| DENIS | Ça vous achale pas vous autres? |
| GUY | We're not getting older, we're getting better. |
| DENIS | À ma fête cette année, j'étais assez déprimé. |
| GUY | Tu sais ce qu'ils disent, après trente ans tu commences à descendre la côte. |
| ÉTIENNE | Life is a bitch and then you die. |
| DENIS | C'était le pire party de fête de ma vie. C'est là que je me suis aperçu que Geneviève et moi... (Silence) Trente et un ans, puis du jour au lendemain... tout recommencer ma vie. |
| GUY | Voyons donc, tout recommencer, t'as une bonne job, t'as... |
| DENIS | Oui, mais ça me réchauffe pas dans mon lit le soir. |
| ÉTIENNE | Achète-toi une couverture électrique! |
| DENIS | Je me ramasse tout seul à trente et un ans. |
| GUY | T'es pas tout seul, tu nous as. |
| ÉTIENNE | Tu sais ce qu'ils disent «Un homme qui a des amis, c'est...» c'est quelque chose en tout cas. |
| DENIS | C'est vrai, j'ai jamais eu une relation avec une femme comme j'ai eue avec vous autres. |
| ÉTIENNE | Faudrait que t'arrêtes de coucher avec. |
| GUY | Ou que tu commences à coucher avec nous autres. (Sourire de Denis) Les femmes viennent puis elles partent. |
| ÉTIENNE | Mais nous autres on est toujours là. |
| DENIS | Oui, puis en passant, elles laissent des marques des fois. J'pense qu'il y a comme un sort contre moi. Comme si les dieux avaient décidé «Toi, les femmes, elles vont te faire mal, de la première jusqu'à la dernière». En tout cas, ç'a bien mal commencé, la première fois avec Diane. |
| GUY | Quoi? Ç'a été mal avec Diane? |
| DENIS | Été mal? Ç'a pas juste été mal... ç'a fait mal! |
| GUY | Fait mal? |
| DENIS | Fait mal... c'est pas le mot... j'ai eu de la misère à marcher pendant 2 jours... c'est vrai, vous êtes circoncis vous autres... bien pas moi... il y a comme une petite peau... une petite... une petite ficelle... en tout cas... |

|  |  |
|---|---|
|  | ça s'est mis à s'étirer... beaucoup... même très beaucoup... ç'a pété... imagine une lame de rasoir... comme quand tu te la pognes dans le zipper. |
| ÉTIENNE | O.K. O.K.! |
| GUY | We get the picture. |
| ÉTIENNE | On comprend. |
| DENIS | Essaye d'avoir l'air d'un pro passionné dans ces circonstances toi. |
| ÉTIENNE | L'as-tu dit à Diane? |
| DENIS | Bien voyons! J'avais assez honte... j'ai fait semblant d'avoir un orgasme puis j'ai couru m'embarrer dans la chambre de bain... Ça faisait des années que j'attendais, que j'rêvais à ce moment-là... puis bang... le désastre. |
| GUY | Puis quoi, tu prends ça pour un signe des dieux que parce que c'est allé mal la première fois, que t'es voué à ce que ça aille mal pour toujours? Voyons donc, regarde moi, la première fois, ça s'est très très bien passé... puis ça s'est très bien passé depuis... c'est pas un critère. |
| DENIS | On le sait bien toi... mais moi... j'suis peut-être un cas de psychanalyse, tu sais, le genre qui cherche sa mère dans toutes les femmes. |
|  | (Début d'une série de courts flashbacks entrecoupés de répliques au présent) |
| ÉTIENNE | Elle est belle hein? |
| GUY | C'est la plus belle femme que j'ai jamais vue. |
| DENIS | Elle ressemble à ma mère. |
| ÉTIENNE ET GUY | C'est vrai!!!! |
| DENIS | Non, ça peut pas être ma mère... peut-être mon père... |
| ÉTIENNE ET GUY | Dad, comment on fait ça des bébés? |
| DENIS | Mom, dad m'a dit de te demander comment on fait ça des bébés. |
| GUY | Moi, je l'ai appris comme mon père. |
| ÉTIENNE | Moi aussi... dans la rue. |
| DENIS | Moi, ils me l'ont tellement bien expliqué que quand j'ai éjaculé j'pensais que j'avais tué un bébé! |
| ÉTIENNE | Watch out... ma mère. Qu'est-ce qu'on fait dans le garde-robe? |

| | |
|---|---|
| DENIS, GUY ET ÉTIENNE | On cherche nos bottes… |
| DENIS | Maintenant que j'ai tout compris, j'veux le faire le plus souvent possible avec le plus de filles possible. Mais c'est pas si simple. |
| GUY | Ennemie en vue. |
| DENIS | Wow! |
| ÉTIENNE | Position ennemie? |
| GUY | 10 pieds à bâbord assise à côté de la band. |
| DENIS | Elle vient pas de l'école. |
| GUY | Lève périscope. |
| DENIS | Périscope est levé Capitaine. |
| GUY | Charge torpille. |
| ÉTIENNE | Torpille est chargée Capitaine. |
| DENIS, GUY ET ÉTIENNE | Full speed ahead. (Les trois avancent ensemble - se regardent) |
| ÉTIENNE ET GUY | Full speed ahead. |
| DENIS | Allô, ça te tentes de danser? (Signe négatif) Oh, oh. |
| ÉTIENNE | Dive, dive. |
| GUY | Baisse périscope. |
| ÉTIENNE | J'suis pas capable, le périscope est bloqué Capitaine. |
| GUY | Get us the hell out of here Lieutenant. |
| ÉTIENNE | Dive, dive, dive! |
| GUY | (Son de sirène) |
| DENIS | J'ai besoin d'une femme. |
| ÉTIENNE ET GUY | Chut! Ils vont nous mettre à la porte de la bibliothèque. |
| DENIS | J'ai besoin d'une femme! Savais-tu que c'est de 17 à 19 ans que le mâle est à son peak sexuel. J'suis en train de passer à côté de mes meilleures années… j'suis en train de manquer le bateau… j'suis en train de rater ma vie! |
| GUY | T'es en train d'exagérer aussi. |
| DENIS | J'suis plus capable de me contrôler. |
| ÉTIENNE | Appelle Lucie. |

| | |
|---|---|
| DENIS | Lucie a plus le temps… elle est en train de manifester pour la contraception gratuite. |
| ÉTIENNE | Ah, le féminisme. |
| DENIS | Le féminisme… c'est rendu que j'bande puis je me demande si c'est politiquement correct. Si tu dis que t'es contre, le monde te regarde comme si t'étais un cro magnon. Si tu dis que t'es pour, là il faut que tu te sentes coupable pour les 6 000 dernières années d'injustice. J'ai même pas eu le temps d'en jouir de toutes ces injustices là moi. |
| GUY | Voyons, c'est pas si grave que ça le féminisme dans le fond. |
| ÉTIENNE | Moi j'sais même pas si je suis pour ou contre. |
| GUY | C'est normal qu'on réagisse de même. On a été préparés pour vivre dans un monde d'hommes, puis là, il faut partager ce monde-là avec les femmes… |
| DENIS | Quand j'étais jeune, macho, c'est ça que j'voulais être. |
| ÉTIENNE | Moi aussi! |
| GUY | Moi aussi, mais c'est plus à la mode. |
| DENIS | C'est possible d'avoir pensé comme ça? Que le féminisme c'était juste une mode qui allait passer?… |
| ÉTIENNE | C'est bon de se faire confronter dans la vie. |
| GUY | On en ressort toujours gagnants. |
| DENIS | C'est vrai. Moi j'me sens tellement mieux dans ma peau depuis que j'suis un gars libéré. |
| ÉTIENNE | Toi… un gars libéré?… Voyons Denis, t'es encore macho toi. |
| DENIS | Moi macho? |
| GUY | Monsieur Testostérone en personne. |
| DENIS | Je l'ai peut-être déjà été, mais plus maintenant. |
| GUY | T'as jamais évolué au-delà de ton premier idéal Denis. |
| ÉTIENNE | Ils disent qu'à trois ans, t'as acquis tous tes traits de caractère pour la vie. Puis toi, à deux ans, tu buvais déjà de la bière puis tu regardais en dessous de la jupe de ta gardienne. |
| DENIS | Je vous trouve bien mal placés pour commencer à appeler quelqu'un d'autre macho. |

| | |
|---|---|
| ÉTIENNE | Regarde-moi pas… moi j'change les couches de Gaétan, puis je me lève la nuit pour lui donner sa bouteille. |
| GUY | Ma femme fait plus d'argent que moi. |
| DENIS | Puis moi j'sais faire un soufflé au fromage… ç'a rien à voir. |
| GUY | Des soufflés au fromage ça compte pas. |
| DENIS | Regarde qui parle. Monsieur Macho lui-même. Le gars qui est pas capable d'exprimer ses émotions. |
| GUY | C'est pas macho ça. |
| DENIS | The strong silent type? Pas capable de se laisser aller pour deux cennes. |
| GUY | Défends-moi là. |
| ÉTIENNE | C'est vrai, je t'ai jamais vu brailler toi. |
| GUY | T'es de quel bord toi? |
| ÉTIENNE | Bien, c'est vrai. |
| GUY | Puis toi, Monsieur Réussite, le gars qui existe juste pour sa carrière. S'il réussit pas dans tout il est pas content. |
| ÉTIENNE | J'ai une famille à faire vivre moi, tu peux pas me blâmer de chercher de la sécurité. |
| DENIS | Exactement, même là il a fallu que tu réussisses ta vie familiale. |
| ÉTIENNE | Ça, c'est la jalousie qui parle. |
| GUY | Tu es même en train de pousser ton fils dans la même direction. «Ah, il est précoce, j'ai un fils précoce». |
| DENIS | Belle formation à lui donner ça dans les trois premières années de sa vie. |
| GUY | Si tu continues il va revirer comme Monsieur Compétition ici, il faut toujours qu'il soit meilleur que tout le monde. |
| DENIS | J'suis bien moins compétitif que vous autres. |
| ÉTIENNE | Bien oui, le gars qui doit prouver qu'il est moins macho que nous autres. |
| GUY | Il perd sa blonde alors il y a plus personne qui a le droit de lui toucher sans qu'il pète une crise. |
| DENIS | Au moins moi, j'ai pas peur de m'exprimer. |

| | |
|---|---|
| ÉTIENNE | Qu'est-ce qui est mieux, la crise de nerf ambulante ou l'émotivité d'un cadavre? |
| GUY | J'en montre de l'émotion tu sauras. |
| DENIS | Oui tu te fâches puis tu gardes tout en dedans. |
| GUY | Au moins, j'fais pas le macho puis j'deviens pas agressif. |
| ÉTIENNE | Non, mais tu parles fort par exemple. |
| DENIS | Puis tu prends ta petite pose menaçante… |
| GUY | J'prends pas de pose! |
| DENIS | Oui, oui, une petite pose comme si t'étais prêt à te battre. |
| GUY | Oui, mais moi j'passe pas à l'acte. |
| ÉTIENNE | Faut dire que ça c'est macho. |
| GUY | Ça c'est bien un Roger. |
| DENIS | J'ai le sang chaud, qu'est-ce que vous voulez que j'fasse? |
| ÉTIENNE | Débarque de sur le poêle. |
| GUY | Baisse ton thermostat. |
| DENIS | Au moins moi, j'suis pas macho avec les femmes. |
| ÉTIENNE | Monsieur Féministe qui parle. |
| DENIS | Tu t'es jamais vu avec la tienne. Toi Monsieur Fier de sa petite femme qui lui a donné un fils. |
| ÉTIENNE | Exagère pas. |
| GUY | C'est vrai que tu joues au mâle protecteur. |
| ÉTIENNE | Puis toi avec la tienne? |
| GUY | Quoi la mienne? |
| ÉTIENNE | Je te gage que tu lui as jamais dit que tu l'aimais à la tienne. |
| GUY | C'est pas de tes affaires! |
| DENIS | Surtout demande-lui pas rien de trop personnel. |
| GUY | Puis toi, tu te vois pas, tu penses qu'une femme c'est quelque chose qui t'appartient. Quand t'as fini de jouer avec, il faut qu'elle rentre dans ta boîte à bébelles. |
| ÉTIENNE | Toi, t'es de la pire espèce Denis. Ceux qui se disent libérés. |

| | |
|---|---|
| DENIS | Vous saurez que j'suis bien plus libéré puis bien plus féministe que vous autres. |
| ÉTIENNE | Parce que t'as lu les livres de la sainte Simone de Beauvoir puis de mademoiselle Benoîte Groulx? |
| GUY | Pourquoi t'as lu ça? En espérant de trouver des histoires cochonnes ou pour améliorer ton orthographe? |
| DENIS | Écoeure pas! |
| GUY | C'est dans ces livres-là que t'as appris comment agir avec les amis de tes anciennes blondes? |
| ÉTIENNE | C'est là-dedans que t'as appris à être un petit féministe? |
| DENIS | Écoeure pas! |
| GUY | Quand ça vient aux femmes Denis, toi t'as vraiment le pénis dans le front. |
| ÉTIENNE | T'as plus de pénis entre les deux oreilles qu'entre les deux jambes. |
| DENIS | O.K., c'est assez là. |
| ÉTIENNE | Choque-toi pas! |
| GUY | On est grands mais on n'est pas blonds. |
| DENIS | On parle plus de ça O.K.? |
| GUY | On a frappé un nerf là Denis? |
| DENIS | Je l'aurais pas battue. Qu'est-ce que ça m'aurait donné? J'suis un gars moderne. C'est vrai. J'ai discuté calmement de la séparation avec Geneviève. Je l'ai même aidée à déménager. Je ne me suis pas fâché quand elle a pris le bol à gâteau rose, même si j'savais que c'était celui de ma mère puis pas de la sienne. Je l'ai invitée à souper pour célébrer notre première semaine de séparation. Je l'ai même laissée payer. Aye, un gars modèle. Puis là, tout d'un coup, tu t'aperçois que... |
| ÉTIENNE | Si t'essayes de t'analyser là, c'est simple. L'amour, c'est une conjugaison du verbe posséder... je te possède, tu me possèdes, nous nous possédons, puis quand tu te sépares tu te rends compte que les liens que t'avais, bien c'est des noeuds maintenant... puis plus tu tires dessus, plus ça fait mal. |
| DENIS | J'hais ça quelqu'un qui explique ma vie en 2 phrases. Puis là docteur qu'est-ce que j'dois faire? |
| GUY | De l'exercice! |

| | |
|---|---|
| DENIS | De l'exercice? |
| GUY | Au lieu de te noyer dans la boisson comme ton père ou ton grand-père, noye-toi dans ta sueur. Tu rentres chez toi, tu vois le lit puis tu penses à Geneviève… 50 push ups. Encore mieux, la natation, 2 ou 3 longueurs dans la rivière juste là, ça te ferait pas de tort. |
| DENIS | Puis, si ça marche pas docteur? |
| GUY | Retourne aux vieux remèdes de ton père puis de ton grand-père. |
| DENIS | Mon problème c'est que vous me connaissez trop. |
| ÉTIENNE | Comme si on t'avait tricoté. |
| DENIS | Vous saviez bien que j'allais réagir un peu comme ça, que j'suis un peu raide des fois, un peu… |
| ÉTIENNE | Tête dure. |
| DENIS | Oui. |
| GUY | Bucké, excessif. |
| DENIS | Oui. |
| ÉTIENNE | Violent, brutal. |
| DENIS | Oui. |
| GUY | Sans dessein. |
| ÉTIENNE | Ridicule. |
| GUY | Dumb. |
| ÉTIENNE | Idiot. |
| GUY | Stupide. |
| ÉTIENNE | Un peu Neanderthal sur les bords. |
| GUY | Genre Mad Dog Vachon. |
| DENIS | O.K. O.K…. on a compris. |
| ÉTIENNE ET GUY | Susceptible. |
| DENIS | Oui, vous me connaissez trop… on rentre? |
| GUY | Oui, il commence à être temps. |
| DENIS | Une bonne douche puis j'vais aller me coucher. Faut être fou… pas pouvoir se contrôler et piquer des crises de même. |
| GUY | Tu comprends pourquoi on te l'a pas dit avant. |

| | |
|---|---|
| GUY | On marche? |
| ÉTIENNE | Certain, puis on arrêtera à la boutique ramasser ton inventaire. |
| DENIS | Ç'a dû être difficile pour vous autres de vous retenir de me le dire que Geneviève voyait quelqu'un les 2 - 3 derniers jours. |
| ÉTIENNE | C'est surtout difficile au début, quand on l'a su. |
| GUY | Oui, voilà 2, 3 semaines. |
| DENIS | 2, 3 semaines! |
| GUY | Vas-tu être en forme pour ta présentation toi? |
| DENIS | 2, 3 semaines… Ça fait 3 semaines que vous le saviez puis vous m'avez rien dit. Vous avez dû rire une «shot» de moi pendant ce temps-là… des traîtres… c'est ce que vous êtes, des traîtres… c'est supposé être mes meilleurs amis puis ça me poignarde dans le dos. |
| GUY | Voyons, épais. |
| DENIS | Épais! Là t'as raison mon gars, fallait être épais rare pour croire que vous étiez mes chums. |
| GUY | Pousse pas Denis. |
| DENIS | Là, tu viens juste de dépasser les limites… put'em up. |
| ÉTIENNE | Denis… |
| DENIS | Toi, attends ton tour… c'mon put'em up. |
| GUY | Put'em up? |
| DENIS | Oui, put'em up. |
| GUY | Put'em up? |
| DENIS | Put'em up. |
| GUY | O.K…. put'em up. |
| ÉTIENNE | Guy, tu vas pas virer fou toi aussi? |
| GUY | Depuis neuf heures à soir qu'il cherche ça. Ç'a l'air que c'est à moi de lui donner une petite leçon. |
| DENIS | Toi, tu vas me donner une petite leçon? |
| ÉTIENNE | C'est ça, donne l'exemple. |
| DENIS | Toi, tu vas me donner une petite leçon? |
| GUY | Oui! |

| | |
|---|---|
| DENIS | Oui? |
| GUY | Oui! |
| DENIS | Oui! |
| ÉTIENNE | (Coup de poing) Hey! Denis, es-tu correct? |
| DENIS | Touche-moi pas. |
| GUY | T'es sûr que… |
| DENIS | Toi non plus. (Il va au banc) |
| ÉTIENNE | Regarde ce que tu m'as fait faire. |
| GUY | Moi! J'ai rien fait. |
| ÉTIENNE | Puis c'est toi qui l'a encouragé. |
| GUY | C'est lui qui a commencé. |
| DENIS | C'est ça, blâme-moi pour ça… blâme-moi pour tout… quant à y être… c'est tes amis… Puis là, ils passent la nuit avec toi puis ils te traitent de tous les noms en se disant «Ah, il va le prendre parce qu'il pense qu'on est ses amis». Puis c'est rien qu'à 31 ans que tu t'aperçois qu'ils savent pas ce que ça veut dire l'amitié. |
| ÉTIENNE | On le sait ce que ça veut dire l'amitié. |
| DENIS | Non, tu le sais pas… vous avez passé la nuit à me beurrer avec «on est tes amis». |
| ÉTIENNE | Ah parce qu'après toutes tes crises d'à soir, c'est toi qui va nous apprendre ce que c'est l'amitié? |
| DENIS | En tout cas, je le sais bien plus que toi ce que ça veut dire: fidélité. |
| ÉTIENNE | Vas-tu me donner un cours? |
| DENIS | Si je veux. |
| ÉTIENNE | Oui? |
| DENIS | Oui! |
| ÉTIENNE | Oui! |
| DENIS | Oui! |
| DENIS | Oui! |
| ÉTIENNE | Oui! |
| DENIS | Oui! |
| ÉTIENNE | (Coup de poing) |

| | |
|---|---|
| GUY | Denis es-tu correct? |
| DENIS | Touche-moi pas. |
| ÉTIENNE | T'es sûr que… |
| DENIS | Toi non plus. (À quatre pattes jusqu'au banc) |
| GUY | Tu pourrais essayer de te contrôler un peu. |
| ÉTIENNE | Il allait me fesser… c'est parti tout seul. |
| GUY | Si ça continue de même, on va finir la nuit à l'urgence. |
| DENIS | Ça pue Geneviève cette affaire-là! Elle vous a tous mis contre moi, toute la gang, vous autres puis vos femmes, elle, puis son nouvel ami. |
| GUY | On prend pas plus pour Geneviève que pour toi. |
| DENIS | Viens pas me dire ça toi, Geneviève puis toi, vous avez toujours été proches. |
| GUY | Écoute Denis, cette histoire-là nous a fait mal aussi. Geneviève c'est une bonne amie. |
| DENIS | Bien plus amie que moi en tout cas. J'suppose que vous allez l'inviter à souper chez vous avec son grand blond. |
| ÉTIENNE | Tu sais bien qu'on te fera pas ça Denis. |
| DENIS | Non c'est vrai, c'est un peu gros ça, faut savoir être un peu plus discrets quand on est infidèles. |
| ÉTIENNE | Recommence pas là-dessus toi. |
| DENIS | Infidèle. |
| ÉTIENNE | Arrête. |
| DENIS | Infidèle. |
| ÉTIENNE | Arrête. |
| DENIS | C'est toi qui va m'arrêter? |
| ÉTIENNE | Si j'veux. |
| DENIS | Oui? |
| ÉTIENNE | Oui! |
| DENIS | Oui? |
| ÉTIENNE | Oui. |
| DENIS | Oui? |
| ÉTIENNE | Oui. |

| | |
|---|---|
| GUY | Calmez-vous là! |
| DENIS | Puis là, dans une soirée, une seule soirée, je me rends compte que vous vous êtes servis de moi pour avoir votre fun. Riez là, riez parce que c'est bien la dernière fois que vous allez avoir la chance de le faire. Il y en aura plus de mauvais gags sur mon dos. Bonne nuit. |
| ÉTIENNE | Denis… |
| GUY | Il va où lui? |
| ÉTIENNE | Au bord de la rivière… |
| GUY | Aye Denis reviens ici… Denis… Va pas sur le vieux quai, imbécile! |
| ÉTIENNE | Guy… Denis… débarquez de là, c'est dangereux! |
| DENIS | (Des coulisses) Voulez-vous me laisser tranquille? |
| GUY | Viens-t'en là! |
| DENIS | Lâche-moi le bras. |
| ÉTIENNE | Arrête de faire le fou. |
| DENIS | Veux-tu me lâcher le bras? |
| GUY | Non je le lâcherai pas. |
| ÉTIENNE | Aye, pousse-moi pas! |
| DENIS | J'vais te pousser si je veux. |
| ÉTIENNE | Oui? |
| DENIS | Oui! |
| GUY | Oui? |
| DENIS | Oui! |
| ÉTIENNE | Oui? |
| DENIS | Oui. |
| DENIS, GUY ET ÉTIENNE | Aye… (Cris… on entend «splash») |

# ACTE 4

(La Boutique pour femmes de Jocelyne. Denis entre, une serviette autour de la taille, les cheveux trempés.)

DENIS        Une chance qu'on était pas loin d'ici hein les gars? (temps) Hein les gars… c'est une chance qu'on était pas loin d'ici? (temps) En tous les cas, moi j'trouve que c'est une chance! (Au mannequin) Pas chaud hein?…Aye! on gèle nous autres ici.

(Guy entre en chemise et bobettes)

GUY        Étienne, veux-tu lui dire qu'il arrête de se plaindre… moi j'lui parle plus.

(Étienne entre comme Guy)

ÉTIENNE        Moi non plus.

DENIS        Tu peux pas baisser l'air climatisé, j'vais pogner une grippe.

GUY        Étienne, veux-tu lui rappeler que j'lui parle plus…

ÉTIENNE        Il te parle plus.

GUY        Mais si j'lui parlais, j'lui demanderais de nous faire une petite faveur… Qu'il se ferme la gueule, qu'il la pogne la grippe, puis qu'il crève!

DENIS        Merci quand même!

ÉTIENNE        (Au téléphone) Allô Nicole… c'est Étienne… est-ce que j'te réveille?… Écoute, mon complet bleu est-il revenu de chez le nettoyeur?… Oui je le sais qu'il est 5 heures du matin… Oui, je le sais qu'il faut que tu te lèves dans deux heures… Non je le sais pas pourquoi j'suis pas encore couché… non, je l'sais pas pourquoi je le sais pas… tout ce que je sais c'est que pour rentrer tout de suite ça serait un peu compliqué… Fâche-toi pas Nicole, tu vas réveiller le petit… Ah il est déjà réveillé?… qui est-ce qui a téléphoné?… qu'est-ce qu'elle a à téléphoner à 5 heures du matin elle?… Nicole, mon complet… Je l'sais que ma question est ridicule… tout est ridicule ce soir… si tu me voyais comme c'est là, tu comprendrais jusqu'à quel point c'est ridicule… là?… je suis dans la boutique de Jocelyne… écoute chérie, je t'explique tout demain…O.K…. à tantôt… bye.

DENIS        Êtes-vous encore en train de ne plus me parler?

GUY            J'espère qu'il n'y a personne qui passe à cette heure en avant de la vitrine. Ils vont bien appeler la police.

ÉTIENNE        On devrait peut-être retourner en arrière...

DENIS          On gèle encore plus en arrière...

GUY            Ah! Est-ce qu'il est encore ici, lui?

ÉTIENNE        Oui, je l'entends respirer.

DENIS          Faut quand même avouer que c'est un peu drôle...

ÉTIENNE        Drôle.

GUY            Drôle?

ÉTIENNE        Il trouve ça drôle!

GUY            Il trouve ça drôle, lui!

ÉTIENNE        Drôle.

GUY            Bien drôle...

ÉTIENNE        Drôle, lui bien sûr maintenant il trouve tout drôle. On l'a suivi toute la nuit dans ses folleries... on s'est promené en taxi...

GUY            On a lancé des lifesavers à des fenêtres...

ÉTIENNE        On est allé se baigner pour voir si nos habits prenaient bien l'eau... Mais là c'est fini... fini! Il pense peut-être qu'on est en train de lui parler, mais on lui parle pas!

GUY            On lui parle plus!

ÉTIENNE        Mais sais-tu ce que j'lui dirais si je lui parlais?

GUY            Ce que t'es pas en train de faire...

ÉTIENNE        J'lui dirais que j'pense que ça tourne pas rond là-dedans...

GUY            There is a few bolts missing.

DENIS          Une chance pour lui que vous lui parlez plus.

               (Étienne lui retire la serviette et sort, suivi de Guy)

DENIS          (Au mannequin) Vous partez pas vous aussi? Excusez mon manque de pudeur, mais j'attends que mon linge sèche... est-ce que je peux... (Il prend la robe de chambre) Merci... C'est pas mon genre mais disons que c'est plus chaud! (Téléphone sonne) Allô Jocelyne...

c'est Denis… disons que ça va mieux (entrée de Guy) disons que ça allait mieux… bye… je te passe Guy.

GUY      Allô Joce? Comment t'as su qu'on était ici… Ah Nicole… qu'est-ce qu'il y a?… t'étais inquiète?… écoute Joce… oui, oui j'arrive bientôt.. Aye, c'est trop compliqué, je t'expliquerai tout ça tantôt… oui, oui j'suis correct… qui? Denis qui? Ah lui!… Oui, il est encore en vie… Écoute Joce, j'te parle plus… bye!

DENIS      Est inquiète?… Qu'est-ce qu'elle voulait?… Écoute Guy, on n'a plus 12 ans… parle-moi!

GUY      O.K.… Ça là, ça vient de te coûter 60 piastres.

DENIS      Tiens, la voilà la petite pose qu'on parlait là…

GUY      Toi, écrase!

DENIS      O.K. O.K. bye! (Il sort) (Téléphone sonne)

GUY      Allô! (Étienne entre) Pour toi!

ÉTIENNE      Nicole… qu'est-ce qu'il y a?… Aye juste parce que nous autres on fait les fous vous êtes pas obligées de faire pareil, allez vous coucher… Geneviève?… Pas Geneviève aussi… comment?… wowo… tranquillement… elle veut ou elle veut pas?… Ah, elle le sait pas… Dis-lui d'appeler… oui, oui, on va s'organiser pour qu'il réponde… puis toi va te coucher. (Il raccroche)

ÉTIENNE      Ç'a l'air que Geneviève va téléphoner. Elle veut parler à Denis. Mais là, comme je le connais, il ne voudra pas lui parler… donc, c'est à nous à s'arranger pour qu'il réponde au téléphone.

GUY      C'est à toi. Moi, j'veux rien savoir de ce gars-là.

ÉTIENNE      Ah! Vas-tu commencer à faire la tête dure toi aussi?

GUY      Compare-moi pas à lui.

ÉTIENNE      Si tu veux pas le faire pour lui… fais-le pour Geneviève. Elle ne t'a jamais laissé tomber, elle! (Temps) Tu vas lui faire ça? Ah bien c'est le fun d'avoir un ami comme toi, Guy…

GUY      O.K., O.K., O.K.… Pour Geneviève, mais pas pour lui.

ÉTIENNE      (En l'appelant) Denis!

(Il entre en chemise et bobettes avec tout son linge dans ses bras.)

| | |
|---|---|
| DENIS | Tiens le 60 piastres pour le kimono… |
| ÉTIENNE | Laisse faire ça Den… hein Guy? |
| DENIS | Je le dois, je le paye… |
| GUY | Bien voyons, laisse faire ça… |
| DENIS | (Lui montrant de l'argent) Tu les passeras au hair blower avec tes bobettes… |
| GUY | Je te le dis… laisse faire ça… |
| DENIS | Tu m'enverras la facture d'abord. |
| ÉTIENNE | Aye tu peux pas t'en aller de même dans la rue, tu vas te faire arrêter, pas vrai Guy? |
| DENIS | Qu'est-ce que tu veux que ça me fasse? |
| GUY | Oui mais… regarde-toi… tout trempe… tu vas pogner une grippe… |
| DENIS | C'est pas toi qui voulais que je crève tantôt? |
| ÉTIENNE | Tu sais comment il est, il dit n'importe quoi quand il est fâché, hein Guy? |
| GUY | Oui, quand je suis fâché, je dis n'importe quoi… |
| DENIS | Il y a des choses qu'on oublie jamais! |
| ÉTIENNE | Tu peux pas t'en aller. |
| DENIS | Pourquoi pas? |
| ÉTIENNE | Parce que… (Téléphone sonne) |
| ÉTIENNE | Parce qu'il faut que tu répondes au téléphone. |
| DENIS | Pourquoi? |
| ÉTIENNE | Parce que… |
| GUY | Parce que je suis juste trop fâché contre Jocelyne pour lui parler! |
| DENIS | (Répond au téléphone) Allô Jocelyne… (À Étienne et Guy) C'est elle… |
| ÉTIENNE | Qui ça? |
| DENIS | Elle! Elle, elle! |
| ÉTIENNE | Geneviève?… bien parle-lui! (Denis lance le téléphone à Étienne) Juste une seconde Geneviève… Denis! |
| DENIS | Je ne suis pas ici… |

58

| | |
|---|---|
| ÉTIENNE | C'est toi qui a répondu… |
| DENIS | Ça fait rien, j'suis pas ici… fallait que j'aille me coucher… |
| ÉTIENNE | Allô Geneviève… Denis y est euh… juste ici, je te le passe… Tiens le voilà qui arrive, je te le passe. |
| DENIS | Allô Geneviève… comment ça va?… non non rien, j'suis allé remplir mon verre, on est en train d'avoir un petit party ici juste entre gars… bien le fun… Hein Étienne c'est le fun?… Oui j'sais bien mais tu sais comment c'est des gars, ça perd la notion du temps… Toi qu'est-ce que tu fais debout à cette heure-ci?… Nicole?… Pourquoi tu nous cherchais?… Qui ça leur a dit que j'allais pas bien?… Bien voyons tu sais bien qu'ils exagèrent tout… En tout cas, as-tu passé une belle soirée avec lui?… Ah oui, c'est un bon restaurant ça le «Paradise Inn»… ah oui… non… si platte que ça?… non… (À Étienne et Guy) Il a parlé de son berger allemand pendant tout le repas… (à Geneviève) non… (à Étienne et Guy) puis de son ex-femme pendant le dessert… puis de ses billets de saison pour la game de hockey en la raccompagnant chez elle… (À Geneviève) Il t'a raccompagnée chez toi?… Une des pires soirées de ta vie?… Comme ça c'était le désastre… total… bien voyons… bien voyons Geneviève faut pas se décourager si vite… c'est sûr que ça va être un peu difficile au début mais juste parce que la première fois ç'a été mal, faut pas prendre ça pour un signe des dieux qui veut dire que ça marchera jamais… Ça prend un temps de réajustement… écoute ça fait 4 ans que t'as pas joué dans cette ligue-là… c'est normal que tu sois un peu rouillée… Quoi?… Moi! Je suis correct, pleine forme, bonne humeur tout le temps… inquiète-toi pas pour moi… Oui toi aussi t'es une de mes meilleures amies… moi non plus j'voudrais pas qu'il t'arrive quelque chose puis si t'as jamais besoin de quelque chose… même numéro … Oui, j'vais le changer le message sur le répondeur… euh Geneviève… Prends soin de toi… (Il accroche le téléphone) |
| ÉTIENNE | C'était pas si dur que ça? |
| DENIS | Bien non… pourquoi est-ce que ça serait dur? |
| GUY | T'as bien fait ça. |
| DENIS | C'est pas la première fois que je parle au téléphone tu sais! |

59

| | |
|---|---|
| GUY | T'avais plus le goût de…? (signe - poing) |
| DENIS | Ah ça! Bien non… |
| ÉTIENNE | Parle-moi de ça, un gars qui réagit de même, qui encourage sa blonde parce que sa «date» a mal viré, qui lui laisse sous-entendre que la prochaine fois ça va aller mieux, qu'elle va en trouver un à son goût… |
| GUY | Puis là. (signe - poing) |
| DENIS | Voyons donc! |
| ÉTIENNE | Mon Dieu, un comportement 4 étoiles… |
| DENIS | Suis-je supposé de te remercier là? |
| ÉTIENNE | Ça t'a pris un peu de temps, mais c'est fini. |
| DENIS | Si on était rentré un peu plus de bonne heure, j'aurais pu lui parler avant. |
| GUY | Comme si toi tu voulais rentrer… |
| DENIS | Regardez-moi pas, c'est vous autres… |
| ÉTIENNE | On t'a empêché de rentrer??? |
| DENIS | VOUS m'avez pompé… si vous m'aviez pas pompé, ça aurait jamais duré si tard. |
| GUY | Bien là, j'ai tout entendu. |
| ÉTIENNE | T'as du front tout le tour de la tête toi ti-gars! |
| DENIS | Bien quoi! Si je me serais écouté, je vous aurais pas laissé m'entraîner partout en ville… |
| GUY | Parce que c'est nous autres qui t'a entraîné partout en ville?! |
| DENIS | Si vous m'aviez donné la chance de me calmer… |
| GUY | Oui? |
| DENIS | On serait pas ici en train de regarder le soleil se lever… |
| GUY | Le soleil… Bien maintenant que t'es calmé… est-ce qu'on peut rentrer chez nous? |
| ÉTIENNE | Aye! J'ai ma présentation à faire demain matin… |
| GUY | Pas demain matin… à matin! |
| ÉTIENNE | À matin! J'te dis que j'vais avoir l'air intelligent… |
| DENIS | C'est quand même spécial… regarder le soleil se lever… |
| GUY | Oui… c'est bien spécial… |

60

| | |
|---|---|
| ÉTIENNE | C'est bien beau… (temps) |
| DENIS | Aye, les gars… |
| GUY ET ÉTIENNE | Quoi? |
| DENIS | Pensez-vous que c'est vrai son histoire de soirée platte avec lui? |

FIN

# Poppy Love
## Rock 'n' Roll

Natasha May

*illustrated by*

Shelagh McNicholas

Walker
Books

*With thanks to Neil Kelly and the students of
Rubies Dance Centre
N.M.*

*With thanks to Carolyn, Julia, Kirsty and Ann at
Bell's Dance Centre
S.N.*

First published 2009 by Walker Books Ltd
87 Vauxhall Walk, London SE11 5HJ

2 4 6 8 10 9 7 5 3 1

Text © 2009 Veronica Bennett
Illustrations © 2009 Shelagh McNicholas

The author and illustrator have asserted their moral rights
in accordance with the Copyright, Designs and Patents Act 1988

This book has been typeset in ITC Giovanni

Printed and bound in Great Britain by Clays Ltd, St Ives plc

British Library Cataloguing in Publication Data:
a catalogue record for this book is available from the British Library

ISBN 978-1-4063-1664-3

www.walker.co.uk

# Contents

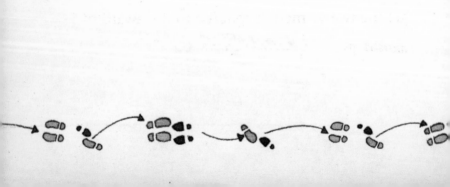

# Blue Suede Shoes

Poppy Love loved ballroom dancing.

She and her partner, Zack Bishop, had already passed some medal tests, in both ballroom dancing and Latin American dancing. Like lots of the other children in Miss Johnson's Competition class at the Blue Horizon Dance Studio, they were trying to get the twelve medals that led to the award of a gold star.

"If you can get your gold stars before the Nationwide Finals, you'll be able to compete against other children from all over the country who've also got their gold stars," said Miss Johnson. "So you've got to get better at all the dances you know, and learn some new ones."

New dances! Poppy and Zack already knew five ballroom dances and five Latin American ones. That was already ten dances to practise. How many more did Miss Johnson want them to learn? Poppy wondered if she would have room in her head for all the steps.

"Sophie and Cora!" called Miss Johnson, "and Sam and Luke! Would you come here a minute?"

Sam and Luke were
the only other boys
besides Zack in the
Competition Class.
Everyone danced with
everyone else in class,
but Sam was Sophie's
regular partner. Poppy

thought they went together well – both
were cheerful and round-faced. Luke, Cora's
partner, was thinner and taller than Sam,

more like Poppy's older
brother Tom, though
Luke was only Poppy's
age. He was a quiet
boy, but Poppy loved
to watch him when he
danced with pretty,

curly-haired Cora. He seemed to come alive.

Miss Johnson smiled at the children, her brown eyes full of excitement. "I'm ready for some hard work!" she said. "Are you?"

"Yes!" they chorused.

"Right," said Miss Johnson, "the first new dance you're going to learn is the rock 'n' roll."

Cora frowned. "But rock 'n' roll's a kind of music, isn't it?"

"Yes, but there's a dance that goes with the music," explained Miss Johnson. "It's a bit like the jive."

"Oh, good!" said Poppy. She liked the jive so much she often danced it alone in front of the large mirror in her bedroom, just to make herself feel happy.

Miss Johnson slid a CD into the machine

and clapped her hands for the class to start.
"Now, everybody, find a space and let's do
our warm-up exercises!"

Poppy and Zack soon discovered that the
rock 'n' roll was fun. They had to face each
other, holding both hands and pushing
towards each other, then pulling back while
their feet did a backwards-and-forwards step.
When they'd learnt this, which was easy
because it was similar to a jive step, Miss
Johnson showed the class a neat move where
the boy let go of one of the girl's hands
and she dived under his
arm, then both of them
turned and ended up
facing each other again.

"I love this!" said
Poppy, out of breath.

"Will you show us how to do that thing where the girl jumps up round the boy's waist?" Sam asked Miss Johnson. "I've seen dancers do that a lot. And what about when she slides along the floor through his legs? That's a great move."

"You can do those moves for fun," replied Miss Johnson. "But remember, for the medal test, there are rules. No acrobatics!"

"Oh," said Sam, disappointed.

"The examiners are not looking for tricks," Miss Johnson told him. "They're looking for neat steps in time with the music, and nicely placed arms and heads." She smiled at the children. "All those things I'm always nagging you about! It's important to make the dance look like a dance and not a circus act. Now, are you ready? Let's have another go."

They had another go, and another, until the soles of Poppy's feet were beginning to hurt. But Miss Johnson kept asking them to repeat the steps. "If your feet know exactly what they're doing, you can start to give the dance some style," she encouraged. "Come on, perform the rock 'n' roll!"

They did it twice more, then it was time for a break. Poppy and Zack leaned against the wall, puffing. Poppy felt very hot. The whole time they'd been dancing, she hadn't felt right.

"I'm not getting it, am I?" she said to Zack. "I can do the steps, but you're making it look like a proper dance, and I'm just … not. I can see it in the mirror."

"Oh, you'll be OK," said Zack. "Remember when you thought you'd never be able to do a cartwheel for that samba show we did? You just needed a bit of practice, didn't you?"

Poppy nodded, but it wasn't the same thing. The cartwheel was just one move, and it hadn't been for a medal test. But she would never get a medal for the rock 'n' roll, however hard she tried, if she couldn't make it look right. "What are you doing that I'm not doing, Zack?" she asked.

Zack considered for a moment. He looked across to where Miss Johnson was trying different bits of music in the CD player. She had her back to them. "Come over here, Pop," said Zack.

He took Poppy gently by the shoulders and turned her to face the mirrored wall.

He held her hands in the rock 'n' roll hold,
both of them looking in the mirror. Then he
and Poppy began to dance.

"See that?" said Zack. "Your footwork's
really good, but the rest of you just isn't
doing much. It's like a magician's cut you in
half, and one bit of you doesn't know what
the other bit's doing!"

Poppy had to smile at Zack's description,
but inside she felt confused. If her feet
could get the rock 'n' roll, why couldn't the
rest of her?

For the rest of the lesson the class practised
other dances. When it was over, and Poppy
was changing her shoes, Mum put her head
round the studio door. "We're giving Zack a
lift home tonight as Mrs Bishop can't pick
him up. Can you be quick, both of you?"

Poppy was quiet in the car. After Mum had dropped Zack off she drove in silence for a few minutes. Then she said, "What's up?"

Trying not to cry, Poppy told her what happened.

"Shall I tell you what I think?" Mum asked when Poppy had finished.

She sounded very determined. Poppy blew her nose and looked at her mother, wondering what she was going to say.

"I think this calls for some help," said Mum. She looked sideways at Poppy. "You could be in for a surprise! I hope Jill's in. I want her to help me find something in the attic."

Poppy's Auntie Jill was Mum's sister. She lived with the Love family in a flat at the top of the Hotel Gemini. Poppy really liked having Auntie Jill so close, as she had

been a champion ballroom dancer herself, and still worked as a dance examiner and competition judge.

As usual on Wednesdays, Poppy was very hungry. She couldn't eat a big dinner before dancing, so when they got home from class Mum always made her a chicken salad sandwich, bursting with mayonnaise and pickles, just the way Poppy liked it.

While Poppy ate, lying on the living-room floor watching TV, she heard bumps from the hallway, followed by laughter and exclamations. Something was being pushed and pulled along.

Then Poppy heard a sound she'd never heard before. She got up and turned the TV off. Still chewing, she followed the sound to Auntie Jill's bedroom. When she opened the door, she was so surprised that her mouth fell open. She had to put her hand up to stop bits of sandwich landing on Auntie Jill's carpet. Mum and Auntie Jill were doing the rock 'n' roll!

They were doing exactly the same steps as Poppy and Zack had done in front of the mirror, holding hands, turning, stepping backwards and forwards. But to Poppy's astonishment, they made the rock 'n' roll look quite different. Even bouncier than the samba, even livelier than the jive, with hands and feet flicking so fast Poppy could hardly see them. Both her mum and her auntie were smiling and singing along to the song while they danced. It was amazing.

Most amazing of all was the music. On the floor was a box with the lid up, and inside it a black disc about the size of a teaplate was spinning around a spike. It was an old-fashioned record-player. From it came the sound that had drawn Poppy from the living-room.

It was rock 'n' roll music, but not like the dance music Miss Johnson had played in class. This was the sound of guitars, a man singing and a crashing, driving drumbeat that made Poppy want to start dancing right there and then.

"Grandad's record collection!" called Mum breathlessly as she danced, nodding towards a box on the bed.

Poppy looked in the box. There were lots and lots of teaplate-sized records, and some bigger ones in shiny covers.

"This is his favourite!" added Mum. "Elvis Presley. The song's called 'Blue Suede Shoes'." She stopped dancing

and leaned on her sister's shoulder. "I'm not fit enough for this, Jill!"

They sat down on the bed. "Grandad was a great rock 'n' roller when he was young, you know," Auntie Jill told Poppy. "He taught us to do it when we were little girls."

"And you looked so good!" said Poppy admiringly. "What's the secret?"

Auntie Jill took "Blue Suede Shoes" off the record player and held up the black disc. "Elvis," she said. "He's part of the secret. His music makes you feel like you're right there, in America in the fifties, in the middle of the rock 'n' roll craze. And here's the other part."

Next to the box on the bed was a plastic bag. Auntie Jill pulled out something wrapped in tissue paper and gave the parcel to Poppy. "We found this in the attic too."

Inside the tissue paper was something made of red and white polka-dot material, neatly folded. Poppy held her breath as she picked it up and shook it out. It was a little girl's dress, just her size. It had shoulder straps and a full skirt with several petticoats attached underneath. Looking at it made Poppy feel just like Auntie Jill said – as if she was right there, more than fifty years ago in America.

"Granny made this for me when I was about your age," said Auntie Jill, fingering the dress. "I was in *Grease* at school – you know, the rock 'n' roll musical." She took the dress and held it against Poppy. "It looks good on you," she said. "Why don't you wear it for practising the rock 'n' roll?"

"Can I?" Poppy was pleased. She turned to her mum. "And can I play Grandad's records, too?"

"Of course," said Mum.

"And you can even wear the dress for your medal test, if you like," added Auntie Jill.

Poppy helped her mum and auntie move the old-fashioned record-player and the box of records next door to her own room. Full of excitement, she put on the spotted dress, started "Blue Suede Shoes" again and turned the volume up. In the full-length mirror on her bedroom wall, she could see how different she looked. It was easy to pretend that she was living in a different time, when girls wore polka-dot dresses with five petticoats, and Elvis Presley sang about his blue suede shoes.

She began to do the rock 'n' roll steps Miss Johnson had taught her. Zack was quite right – her feet were dancing, but the rest of her wasn't. She stopped dancing and listened to the music for a few moments. She heard the crash of the drumbeat, the twanging guitars and the way the singer sang from his heart. They all seemed to be saying, "Go on, Poppy, rock 'n' roll!"

Her foot began to tap, and her knees began to bend in that loose way she hadn't been able to do in the studio.

All of a sudden,

her whole body began to do what the music made it do.

In the mirror, the girl in the polka-dot dress seemed to come alive. Poppy picked up the sides of the skirt and kicked her legs in a flurry of white petticoats. But it was hard to balance, so she let go of the skirt and put her arms out. She flicked her hands like Mum and Auntie Jill had done. She turned this way and that, throwing back the skirt with a *woosh!*, then letting it fall around her legs again. Almost without her knowing it, her chin tilted upwards and she put her hand behind her ponytail like Auntie Jill had done, shaking her head to the strong, thumping beat.

As the record ended, Poppy began to jump up and down with happiness. The magician had joined the two bits of her together again. She was doing the whole rock 'n' roll dance, not just the footwork. She was sure she'd pass her medal test now, thanks to Grandad, a polka-dot dress and "Blue Suede Shoes"!

# Dining and Dancing

Poppy was wearing her best clothes. She had new trousers and a soft cotton top with long sleeves. Round her neck she wore a necklace and in her hair there was a gold and black Alice band that Dad said made her look very grown-up. Best of all, though, were her new boots. They were so perfect that she couldn't help looking at them every few minutes under the table, to make sure they were still there.

She was in a restaurant with Mum and Dad, her brother Tom and Auntie Jill. It wasn't anyone's birthday – in fact, it wasn't a special occasion at all – but the restaurant was special. Its name was Forrester's, because it was owned by Auntie Jill's boyfriend, Simon Forrester.

Poppy thought Forrester's was the most beautiful restaurant she'd ever seen. It was a big, high room full of polished wood and sparkling lights. The Love family were sitting with Simon at a table on a sort of balcony up a spiral staircase, looking down on the tables below.

The waiter brought wine for the grown-ups, Coca-Cola for Tom and orange juice for Poppy, and set the glasses down on little paper mats.

Poppy's glass was so tall, and had so much ice and pieces of orange in it, she could hardly drink it.
And there was so much food to choose from that when the waiter came she still hadn't made up her mind.

"Chicken with mushroom sauce?" suggested Mum. "You usually like that."

"Oh, yes please!" said Poppy, and the waiter wrote it down.

Poppy looked round at the chattering, laughing diners. Behind the brightly lit bar a man was shaking drinks in a metal container and pouring them into glasses shaped like upside-down lampshades. Auntie Jill looked very happy, and very proud to be sitting with the owner of the restaurant. Her eyes were

shining and her curls swung around as she
turned to speak to her family, then to Simon.
She certainly seemed to like him a lot.

"Do you like ice cream?" Simon asked
Poppy and Tom. "At Forrester's we've got ten
different flavours."

"Have you got chocolate chip with fudge
pieces?" asked Poppy.

"If we haven't, I'll make sure we get it for
the next time you come,"
said Simon solemnly,
as if she was the most
important customer he'd
ever had.

Poppy smiled. She
liked him a lot too.
"Strawberry's good,
though," she said.

She rested her arm on the rail and looked down at the white tablecloths, the polished wood floor and the hurrying waiters. From above, the waiters seemed to be doing a sort of dance. Backwards and forwards they went, round and round, bending over tables, picking up dropped forks and napkins. They flew in and out of the swing doors to the kitchen like the cuckoo in a cuckoo clock. It was fun to watch.

"Wouldn't it be nice to dance on that floor down there?" Poppy said to Auntie Jill, who was sitting next to her. Then she realized how silly this sounded, and added, "If the tables weren't there, I mean."

Simon had heard her words. He leaned towards her across the table. "Would you really like to dance on that floor, Poppy?" he asked.

Poppy felt embarrassed. "Well…" She wasn't sure what to say. "Not with the tables there. But … um…"

Auntie Jill laughed. "He's only teasing you. Of course you couldn't dance in a busy restaurant like this."

"You could if the restaurant had a special place for dancing," replied Simon unexpectedly, nodding towards the back wall of the room downstairs. "Behind that wall is a room that's not really used for anything." He looked at Auntie Jill. "Ever since you've been teaching me to dance, Jill, I've been thinking of having that wall knocked down and extending the restaurant to make a dance floor, with a little stage for a band."

Poppy was delighted. "Wouldn't that be great?" she said to her aunt.

Auntie Jill had to agree, it would be great. And everyone else at the table thought so too.

"So, Poppy," said Simon happily, "would you like to dance on that floor?"

"Yes, I would," said Poppy. Then she added a question of her own. "And can I dance the first dance with you?"

Everyone laughed. But Simon looked serious. "All right, Miss Poppy Love," he said, "we'll dance the first dance as soon as we can. And no changing your mind!"

Poppy felt a little nervous as she sat on the back seat of the car between Mum and Tom. Her feet hurt from practising, but she was very happy to be wearing her lemon-coloured dance dress, with make-up on her face and a lemon-coloured ribbon in her hair. Tonight was the opening night of Forrester's new dance floor, and Poppy was going to dance the first dance with Simon.

"I'm squashed," complained Tom.

"So am I," said Poppy. "And you're sitting on my dress."

"Maybe we should have hired a stretch limo," said Tom.

"And a red carpet too!" Mum said with a laugh.

"I hope everything's going to be OK tonight," said Auntie Jill from the front seat. "Simon's worked so hard."

"It'll be fabulous, Jill," said Mum in a soothing voice. "Don't worry."

Auntie Jill was very quiet
as Dad drove through the lit-up
streets to Simon's restaurant. But Poppy
hoped that she would be her usual cheerful
self when the dancing started.

Zack and his mother were already sitting at
a large round table with Simon when Poppy
and her family arrived. "You look fantastic!"
said Simon to Auntie Jill, jumping up and
giving her a kiss. Then he hugged Poppy and
her mum, and shook hands with Dad and

Tom. "You remember Ben and Tom, don't you?" he asked.

Simon's two nephews were also at the table with their parents. Poppy hadn't seen them since the day Auntie Jill and Simon first met, when they'd both taken their nieces and nephews to the fair on the pier. Tom, who was a friendly-looking boy about the same age as Poppy, smiled at her shyly, and she smiled back.

The new dance floor looked fantastic too. It shone like glass, and on the small stage a pianist, drummer and guitarist played softly. Everything was sparkling and new. Poppy longed to step onto the floor and do what she loved to do best – dance!

But it was Simon who stepped onto the polished floor first. Looking very smart in his black suit and bow tie, he signalled to the band and they stopped playing. Poppy's heart began to beat quickly as she waited at the edge of the floor.

Simon spoke in a clear voice. "Good evening, ladies and gentlemen, and welcome to Forrester's. I hope you'll enjoy our brand new floor." He held out his hand towards Poppy. "And to get you in the mood I'm going to open the dancing with my partner, Miss Poppy Love!"

Everyone applauded as Poppy walked across the dance floor and Simon took her in a ballroom hold, with his hand on her back. She couldn't reach his shoulder, so she held onto his arm just above his elbow.

Some of the people at
the tables stood up to
get a better view. Poppy
thought everyone in the
room must be able to
hear her heart beating.

But then the music began,
and she forgot
about everything
except dancing a beautiful waltz.

Auntie Jill had
been teaching
Simon to dance for
some time now, and
he was quite good
at it. Although
he was so much
taller than Poppy,

she didn't feel silly dancing with him because he kept his steps the same size as hers. He was smiling, and really enjoying himself.

"Hold tight!" he whispered to Poppy, and suddenly she found herself half-lifted off the floor as Simon's steps got bigger and bigger, and his smile got wider and wider, and they waltzed round faster and faster. The audience laughed and clapped.

Soon other couples came onto the dance floor and

joined in the waltzing. When the music finished, Simon lifted Poppy right off the floor and swung her around.

"Thank you, Poppy," he said, setting her down. "That was great. Let's have another dance later, shall we?"

"Yes, please!" said Poppy.

Auntie Jill was walking towards them, her sparkly evening dress floating elegantly around her. "Well done, you two," she said. "You've filled the floor!"

Simon stood up and took Auntie Jill's hand. As soon as she was in his arms and they had begun to dance, Poppy could tell by the look in her aunt's eyes that all her worries about the success of the opening night had disappeared.

Feeling relieved, Poppy went back to Mum and Dad at the table. "Can we eat now?" she asked.

Between the main course and dessert the band began to play a cha-cha-cha. "Come on, Pop!" said Zack, pulling Poppy out of her seat and onto the dance floor. Even Dad, who almost never danced, got to his feet and cha-cha-cha'd with Mum.

Simon and Auntie Jill weren't dancing. As the cha-cha-cha music ended and the dancers applauded, Poppy caught sight of her aunt and Simon sitting very close together, as if they were talking about something important. Auntie Jill had her head down. Poppy couldn't help wondering if she might be crying. But why?

"That was wicked," said a voice behind her. It was Tom. Not her brother Tom, but Simon's nephew. "That dance, I mean."

Poppy turned round. "Thanks, Tom."

"What was it?" he asked.

"A cha-cha-cha."

"It looked great!"

Poppy laughed. "It's fun to do. I'll show you, if you like."

"Me? No!" Tom took a step backwards, almost falling over a chair. "I can't dance!"

"I bet you can." Poppy held out her hand, but he didn't take it. Maybe he was embarrassed in front of so many people. "Well, I can show you another time," she said.

"Thanks," said Tom, going red.

Suddenly, there was the sound of a drum-roll. Tom, Poppy and everyone else in the restaurant looked towards the empty dance floor. Only it wasn't quite empty. In front of the stage stood Simon, smiling a big smile.

Beside him, Auntie Jill looked beautiful in her long, silvery dress.

"I can't keep this to myself," said Simon, his arm around Auntie Jill's waist. "And as so many of our friends are here tonight, I think it would be a perfect occasion to tell you all."

Poppy gasped, putting her hand over her mouth. What was he about to say?

"Jill has just agreed to marry me!" he announced.

Poppy saw that although there were tears in Auntie Jill's eyes, they were happy tears. Soon Auntie Jill and Simon were surrounded by people hugging and kissing them, and

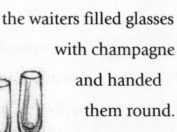

the waiters filled glasses with champagne and handed them round.

Poppy found a way through the crowd, and hugged her aunt tightly. "This is so brilliant!" she told her. "We all love Simon! Come on, everyone, let's dance!"

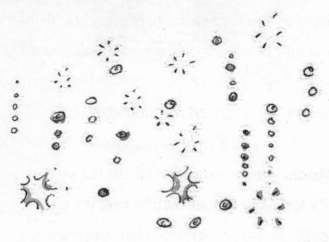

# Out of Step

For their three-dance medal test Poppy and
Zack were doing the rock 'n' roll, the paso
doble and the quickstep. They and their
friends Cora, Luke, Sophie and Sam had
practised and practised the three dances, even
having extra lessons with Miss Johnson. And
then, all of a sudden, it was the day of the test.

Mrs Travers was the lady who watched
them dance and decided whether or not

they had passed the test. She had been a professional dancer in her youth, and had a lot of letters after her name to show that she was an official teacher, examiner and judge. Poppy had imagined she would be stern, but she turned out to have a gentle face, silver hair and a bright, lipsticky smile.

"Relax," she told the children before they started the test. "Think of this as just another dance lesson. Now, we're going to start with the rock 'n' roll. Everybody ready?"

Miss Johnson put the music on and the children began to dance. Poppy felt straight away that she and Zack were performing well. They were hitting the beat correctly, doing their steps neatly and getting the swinging, pushing and pulling motion of the dance really well. Poppy had found this very hard at first, but she got it in the end, and now she liked the rock 'n' roll almost as much as her favourite dance, the jive.

Mrs Travers watched the dancers carefully and made notes on her little notepad. She was marking all six of them separately, not as three couples, so they each had a number on their back.

"Thank you very much," she said at the end of the rock 'n' roll. "Now, the quickstep, please."

The quickstep was a hard dance when you first started it. But when you got the hang of it, it was fun to do such "quick steps".

To make the dance look good they had to do the steps as if they had springs on their feet, though without jumping around like kangaroos, as Miss Johnson often reminded them.

"We did that OK, didn't we?" Zack whispered to Poppy when they'd finished the quickstep.

Poppy nodded. "I thought the rock 'n' roll was a bit better, though," she said.

"Slave driver!" said Zack.

Mrs Travers let them get their breath back for a few minutes. "Now, the paso doble," she said, and nodded to Miss Johnson to start the music.

The paso doble was Zack's favourite dance. The boy had to pretend to be a bullfighter and the girl to be his cape. They both had to keep their faces very, very solemn. But Zack was so happy to be doing what he loved, it was hard for him not to smile. The dance didn't have many steps, and was done to a strict marching rhythm. One-two, one-two, left-right, left-right they went, round the studio in the same direction as Cora, Luke, Sophie and Sam, who were being bullfighters and capes too.

Usually the paso doble went well. But today, Poppy knew something was wrong. When they did the move where they both had to raise their arms, then bring them down smartly to their sides, Poppy's arms hit the beat, but Zack's were a split-second behind. Then the same thing happened the next time they did the move, and the next.

What was the matter with Zack? He never got his timing wrong. For a terrible moment

Poppy wondered if she was getting it wrong. But the next time they did it she watched Sophie and Sam, who did it perfectly together at the same time as Poppy.

"Thank you all very much," said Mrs Travers. "Very nice." She looked at the list on her table. "We'd better start the next tests right away," she said to Miss Johnson. "We're already running a little late."

Lots of Miss Johnson's other pupils were taking tests for different medals at different levels that day. Outside in the corridor Poppy and the others wished good luck to the children who were just going in.

"What's the examiner like?" asked Rosie, one of the older girls.

"She's nice!" Sam told her. "She looks like my gran!"

"I'm still nervous, though," said Rosie as the studio door closed behind her.

"I was nervous too," said Cora to the others. "I thought I was going to go wrong in the quickstep. I just couldn't remember the next step. I bet I'll fail that dance."

Zack didn't mention losing his timing in the paso doble, so Poppy didn't say anything about it either. But she knew Mrs Travers would have seen it, and marked it against the number Zack wore on his back.

Every Wednesday evening Poppy and Zack went to Miss Johnson's Competition Class. Sophie, Sam, Cora, Luke and lots of other children who had taken medal tests were in this class. One Wednesday about ten days after the test, Poppy waved goodbye to her mum as usual and opened the studio door, ready to join Zack and the others for their warm-up exercises.

But Zack wasn't doing any warm-up exercises. He was sitting with his mother and Miss Johnson at the side of the room. He was looking at the floor, swinging his feet. When Poppy came in he looked up at her. His face was miserable.

"What's the matter?" asked Poppy.

"Zack failed the paso doble," explained Miss Johnson in a low voice.

Although she'd noticed his mistakes, Poppy still felt very disappointed for Zack. She didn't know what to say.

"You've both passed the others," said Miss Johnson. She held up the piece of paper with the results printed on it. "And you passed the paso, Poppy. Zack just had a problem with his timing."

"And now I've got to wait until the next test day to take it again, and that's ages," said Zack glumly. "At this rate, I'll never get my gold star."

"Yes you will!" encouraged Poppy. "It's only one dance, Zack."

"But it's my favourite one!"

Mrs Bishop stood up, ready to go. She put her hand on Zack's shoulder. "I'm sure you'll pass next time, love," she told him. "Now, enjoy your lesson and you'll soon forget all about the test."

As she went out, Sophie and Cora came in. They were followed by Rosie and some of the older girls, and then Sam and Luke appeared. Poppy felt sorry for Zack. They would all soon find out their results – and his.

The children gathered eagerly round Miss Johnson. All the girls had passed all their dances. But when Miss Johnson bent down to speak to Luke separately, and put her arm around him, Poppy and Zack looked at each other. Luke must have failed something too.

"I've got to take the quickstep again," he told them as they stood in line for the warm-up. "Cora passed and I didn't."

"Don't worry," said Zack. "I failed the paso doble, and Poppy passed it."

Luke's freckled face looked surprised. Then he seemed to be struck by an idea. "Maybe we should change partners!" he said to Zack. "You might do better with Cora, and me with Poppy. Just for the test, I mean. What do you think, Sam?"

Sam had passed all the dances, and so had Sophie. He thought for a moment, and shrugged. "Worth a try," he said. "Why not ask Miss Johnson?"

Miss Johnson thought it was worth a try too. "Though I've never known it work before," she said. "Usually, you dance best with the partner you're used to."

She put on the music for a quickstep and turned back to the class. "Luke, you try the quickstep with Poppy. Then we'll do a paso doble, and Zack can try with Cora. Ready, AND!"

Poppy always loved the moment when everyone in the room began to dance at the same moment. There were girls her age, some with boys, some with other girls, older girls with other girls their age, and Miss Johnson herself with Debbie, a girl of about fourteen who was quite new and didn't know the steps very well. They all moved this way and that, circling the room, placing their feet and their arms in time to the music.

"I'm better at this with you, Poppy," Luke said to her as they finished the dance. "You're not as tall as Cora, so I can see where I'm going."

"Oh good!" said Poppy, pleased. If only Cora could somehow make Zack's timing better in the paso doble!

The marching, Spanish music started. Although she was dancing with Luke, Poppy watched Zack closely. When Cora's arms went up, Zack's went up at exactly the same moment, and he brought them down again with hers too. Poppy and Luke smiled at each other. This was working!

But then they both noticed that Zack's stamping, striding bullfighter's steps didn't look right. Perhaps because Cora was taller than Poppy, her steps were longer than Zack's. He tried to alter them, and get back in time, but then he tripped, almost knocking Cora over.

Poor Zack was very red in the face. He let go of Cora and sat down at the edge of the room, refusing to dance the rest of the paso doble. Poppy thought she had never seen him look so upset. She wished she could help.

When the dance finished she went over to him, ready to tell him that she'd practise the paso doble with him every day if he liked, for as long as he wanted. But before she could speak, the studio door opened and a smartly dressed woman came in. "Is this the right place for the Competition Class?" she asked.

Miss Johnson approached and shook her hand. "Mrs Feltham? And this must be Emma."

A girl of Poppy's age had followed the woman into the room. She was still half-hidden behind her mother, too shy to look at the other children. Her head was lowered, so that her fair hair fell over her face.

"Sorry we're late," said Emma's mother. "We've only just moved to Brighton, and we lost the way."

"Emma's joining us," Miss Johnson told the class. "She's been dancing for quite a while before she came to live here, and we're pleased to have her in the Blue Horizon Competition Class."

The children whooped and cheered, calling, "Hello, Emma!"

Emma Feltham had long gold hair and grey eyes, and her face was heart-shaped, like the faces of girls in magazines.

Girls are often described as being "pretty as a picture", but Emma really was.

"Stay and watch if you wish," Miss Johnson said to Mrs Feltham as she took Emma's hand and led her into the room. "We were just practising a paso doble. Would you like to do it with me, Emma?"

Emma nodded, and Miss Johnson started the music again. Poppy was dancing with Zack, but she couldn't help stealing glances at Emma. It was clear after only a few bars of the paso doble that Emma was not only very pretty, she was very good at dancing too.

After the dance, Miss Johnson came over to Poppy and Zack, still holding Emma by the hand. "Zack, if Poppy doesn't mind, I'd like you to try the paso doble with Emma," she said. "She's already passed her medal test in it, and might be able to help you."

Poppy didn't mind. She'd been

disappointed when Luke's idea about changing partners hadn't worked for Zack with Cora. She passed Zack's hand from hers to Emma's, and Miss Johnson made Emma and Zack stand in a ballroom hold. "You look good together," she said. "Now, Zack, watch Emma carefully, especially on the timing, and listen to the music."

Poppy sat down beside Mrs Feltham to watch Emma and Zack's paso doble. As they danced, Poppy began to feel mixed up. It was as if she wanted to be happy, but something was stopping her.

There was no doubt about it. Zack was dancing the paso doble better than he had ever danced it before. His head was up, his back was straight, his shoulders were down, and his steps were exactly in time with

Emma's. Most important, when they did the arms-up move, they did it exactly together.

"That boy's very good, isn't he?" whispered Emma's mother to Poppy.

"Yes," replied Poppy. "And so is Emma."

Mrs Feltham smiled, but Poppy couldn't smile back. A worrying thought had come to her. If Zack passed his test with Emma, would he want to return to being Poppy's partner afterwards? And if not, would she lose her chance to dance with Zack in the Nationwide Finals, perhaps for ever?

# Little Tom

Auntie Jill was very busy these days. Not only was she doing her usual jobs, but she was also doing something very exciting – arranging her wedding.

"Will I have a long dress?" asked Poppy, who was going to be the bridesmaid.

"Of course," said Auntie Jill, pointing to a bridesmaid's dress in the magazine she was looking through. "Something like that?"

Poppy looked at the
picture. A little girl
was wearing a long,
dark red dress, and she
carried a beautiful bouquet
of white roses. "Wow!" exclaimed Poppy.
"Isn't that gorgeous!"

"You'll have a lovely dress, I promise," said
Auntie Jill.

"Pink?" suggested Poppy.

"Perhaps," said Auntie Jill. "Simon and
I haven't decided on the colours yet." She
paused, looking at Poppy. "But we have
decided on something else. You know
Simon's nephews?"

Simon had two nephews. Tom, who
was the same age as Poppy, and Ben, who
was younger. Lately, Poppy and her older

brother, the other Tom, had seen the two boys more often. Everyone had started to call her brother "Big Tom" and Simon's nephew "Little Tom", so as not to get confused. Poppy nodded, and waited to hear what Auntie Jill said next.

"Ben's going to be a page boy, and walk beside you up the aisle. Won't that be nice?"

Poppy imagined herself in the long pink dress she dreamed of, with a small boy beside her. "What will he wear?" she asked.

"A page boy outfit." Auntie Jill flipped over some more pages of the magazine. "Like this one here."

The boy in the picture was wearing velvet breeches and a frilly shirt, with white stockings and buckled shoes. "His clothes look old-fashioned," said Poppy. "I bet

he'd rather be wearing his
football kit!"

Auntie Jill closed the
magazine. "Both the Toms
are too old to be page boys,
so they're going to be ushers."

"What are ushers?" asked Poppy. "Do they
wear short trousers and funny shoes too?"

Auntie Jill laughed. "No, but they'll be
very smartly dressed, like everyone is at a
wedding. Their job is to show guests to the
right seats in the church."

"Big Tom will like that," said Poppy
thoughtfully. "But Little Tom…"

Auntie Jill looked thoughtful too. "Little
Tom's a bit shy, you mean?"

"Yes." Poppy liked Little Tom a lot, and was
looking forward to having him in the family.

Auntie Jill looked at her watch. "Actually, we can talk to him about it right now. He and Simon should be here soon."

"But it's Wednesday!" protested Poppy in dismay. "I'll be going out to dance class in a minute!"

At that moment the doorbell rang.

"Hey, Little Tom!" cried Poppy.

"Hey, Poppy!" replied Little Tom, and they slapped hands like they always did when they met. He wasn't shy with Poppy or her family any more.

Simon followed his nephew, more slowly. "I'm sure those stairs get steeper every time I climb them," he said.

"Or you eat too much," said Auntie Jill, patting Simon's tummy. Little Tom made a face at Poppy.

"Nonsense," said Simon, "I'm perfectly fit. Especially since I've been learning ballroom dancing."

"And talking of ballroom dancing," said Auntie Jill as they went into the lounge, "what's this I hear about you wanting to learn to dance, Tom?"

Little Tom was suddenly shy again. He sat down on the arm of a chair, then got up again, and shifted from one foot to another nervously. He didn't know what to say, so his uncle spoke for him. "Tom really liked the dancing at the restaurant the night Jill and I got engaged," said Simon to Poppy. "Your cha-cha-cha with Zack looked like so much fun, Tom wants to learn how to do it."

"I remember," said Poppy. She had offered to show Little Tom how to do the cha-cha-cha that night, but he had refused to dance in front of so many people.

"Can you teach me?" he asked, looking at her between strands of his thick hair, which had fallen over his forehead. "Like your auntie's teaching my uncle?"

Poppy looked at Auntie Jill, and Auntie Jill looked back. They both knew what the other was thinking. Auntie Jill spoke first.

"Poppy's just about to go to her dance class," she told Little Tom. "Would you like to go with her and have a try? You'd learn much more quickly that way."

"And you'd have lots more fun," added Poppy. "We always need boys!"

Little Tom's eyes brightened, but then they clouded again. "I wouldn't be the only boy, would I?" he asked.

"Oh, no!" Poppy assured him. "There's Zack, who you know already, and Sam, and Luke. Sam's a bit loud sometimes, but he's really nice, and so is Luke. You'll like them."

Little Tom looked at his uncle, who nodded encouragingly. "Why not?"

"Supposing I drive you and Poppy, Tom," suggested Auntie Jill, "and bring you back here afterwards. Then we can all have supper together and talk about the special job we've got for you at the wedding. Would you like that?"

It was clear from Little Tom's big smile that he would like that. "Thank you very much," he said to Auntie Jill politely. Then he looked

down at his feet. "I haven't got the right shoes for dancing."

"Oh, no one has the right shoes at first," said Poppy. "Your trainers are fine, honest."

"Come on, then," said Auntie Jill, putting on her jacket. "We'd better get going."

Little Tom ran down the stairs as fast as he'd run up them, while Poppy and her aunt followed behind.

"This is really why Simon brought Little Tom with him tonight, isn't it?" Poppy whispered.

"No, of course not!" replied Auntie Jill. But then she winked at Poppy. "It worked, though, didn't it?"

When Poppy pushed open the door of the studio she felt thrilled. She loved the start of class, when children were arriving, saying "hey!" to each other, sitting on the chairs at the side of the room to change their shoes, then going out to the middle of the floor to begin the stretching exercises they always did before they began to dance.

Running along two walls of the studio was a wooden barre. It was really for practising ballet, but Poppy always found it useful to lean on when she stretched her back and legs.

Holding onto the barre tonight, pushing against it with her legs outstretched, was Emma, the newest member of the class. Emma was a very good dancer, but never showed off or did what Miss Johnson called "acting clever".

Poppy wanted to be her friend, and she was sure Emma wanted to be her friend too. But something always seemed to stop the girls saying more than hello to each other. Poppy knew that it was about who would be Zack's partner – Emma, who was going to do the paso doble with him in their next medal test – or her.

If Zack decided on Emma, Poppy would have no one to dance with. Except…

She saw Miss Johnson take Little Tom's hand and show him how to put his arms in a ballroom hold. He was concentrating so hard on what he was doing, he didn't see Luke and Sam giving each other "who's that boy?" looks as they changed their shoes.

Then Zack came in, wearing a baseball cap backwards.

"Where did you get that from?" Poppy asked him, giggling because he looked so funny with his hair spiking out over the strap at the back of the hat.

He sat down and got his dancing shoes out of his bag. "Emma gave it to me," he said. "I think it's cool."

Poppy watched him stuff the cap into the bag, put on his shoes and join Emma at the barre. She didn't think she'd ever given him anything that he'd thought was cool.

Miss Johnson clapped her hands. "Warm-up!" she announced. "Running on the spot! When the music starts, go!"

Little Tom ran on the spot without getting breathless, as easily as he ran up and down stairs. That didn't mean he'd be able to dance well, though, thought Poppy.

Maybe he wouldn't be able to dance at all.

After the warm-up, Miss Johnson put her hands on Little Tom's shoulders. "This is Tom Forrester," she told the class. "He's related to Poppy, aren't you, Tom?"

"No!" said Little Tom, and the other children laughed. He went pink, but managed to explain. "Not yet, I mean. My uncle's going to marry Poppy's auntie."

Poppy felt very proud of him for saying this in front of people he didn't know. She also felt proud of Miss Johnson, who always helped shy children fit quickly into the class.

"Emma, would you come and stand by Tom, please?" said Miss Johnson. "Tom, this is Emma Feltham. She's almost as new as you are, but she learned to dance before she moved to Brighton." She turned to Emma.

"I want to go over the rumba with the medal test children," she told her. "So would you be Tom's teacher, until I'm free?"

Emma nodded, and gave Little Tom a friendly smile. "You won't feel new for long," she told him.

Miss Johnson put the music on. Emma took Little Tom's hand and began to do the first rumba step every beginner learnt. "Look, Tom, follow me and copy what I do," she said.

Little Tom – shy, quiet Little Tom – began to dance. Poppy watched, though she and Zack had started their own rumba. Little Tom's first steps were wobbly, as you would expect, but when he understood what he had to do he began to dance properly. He kept time with the music, and his arms and legs weren't clumsy.

"Look at Little Tom," Poppy said to Zack. "Thank goodness! I was afraid he'd be awful!"

Zack looked puzzled. "But it doesn't matter how well he can dance, as long as he's enjoying himself, does it?"

Poppy couldn't keep it to herself any longer. "It does matter, because … well, I may end up dancing with him," she said.

Zack was so surprised that he let go of Poppy and stared at her as if she'd just appeared in a puff of purple smoke. "But you're *my* partner!"

He looked so horrified at the idea of losing her, and Poppy had been worried about losing *him*. She couldn't help laughing.

"I'm sorry, I know it's not funny," she said. "But I was so afraid you were going to go off with Emma, and—"

"Emma!" Zack said this so loudly that Emma turned round. "It's all right, we're talking about another Emma," Zack called to her. Then he said more quietly to Poppy, "I'm only dancing with Emma for the medal test paso. For everything else I'm dancing with you, just like I've always done, and I always will."

At that moment the rumba music ended and Emma approached them, smiling happily. "Your cousin's really good!" she said to Poppy.

Poppy started to say that Little Tom wasn't exactly her cousin, but then she realized it didn't matter. The important thing was that he was nearly a relation, and already a good friend. "That's great, Emma," she said.

"Do you think that ... you know, if he can get good enough, Miss Johnson will let me

enter competitions with him as my partner?"
said Emma.

"Of course," said Zack and Poppy together.

"One more time!" called Miss Johnson.

As they began to rumba again, Zack looked
at Poppy carefully. "You do want to go on
dancing with me, don't you?" he asked.

"Of course I want to, silly," she said.

Poppy felt so happy, she wanted to rumba
right out of the room and along the street,
telling everyone that Zack was her partner,
and that one day they were going to dance
together in the Nationwide Finals.

*Natasha May* loves dance of all kinds. When she was a little girl she dreamed of being a dancer, but also wanted to be a writer. "So writing about dancing is the best job in the world," she says. "And my daughter, who is a dancer, keeps me on my toes about the world of dance."

*Shelagh McNicholas* loves to draw people spinning around and dancing. Her passion began when her daughter, Molly, started baby ballet classes, "and as she perfected her dancing skills we would practise the jive, samba and quickstep all around the house!"